Opas selbstgemachte Schnäpse & Liköre

Wichtiger Hinweis

Dieses Buch wurde nach dem aktuellen Wissensstand sorgfältig erarbeitet. Dennoch erfolgen alle Angaben ohne Gewähr. Der Verlag haftet nicht für eventuelle Nachteile oder Schäden, die aus der Umsetzung der im Buch angegebenen praktischen Hinweise resultieren. Die enthaltenen Ratschläge ersetzen nicht die Untersuchung und Betreuung durch einen Arzt. Vor Durchführung einer Selbstbehandlung sollte ein Arzt konsultiert werden, insbesondere wenn Sie an Gesundheitsbeschwerden leiden, regelmäßig Medikamente einnehmen oder schwanger sind.

Opas selbstgemachte Schnäpse & Liköre

Inhalt

Vorwort

Hochprozentig, altbewährt und gut: Unsere Großväter wussten noch, was Körper und Gemüt labte, und sie wussten es sogar selbst herzustellen. In jeden ordentlichen Haushalt gehörte damals ein mit besten Zutaten angesetzter Hochprozentiger – der Ausschank dieser Familienspezialität war ein Höhepunkt jeder Feier. Die Auszüge aus Beeren, Früchten oder Kräutern taten dem Magen wohl, halfen gegen Kälte und manchmal auch gegen Kummer. Mit Sachverstand zubereitet schmeckten sie darüber hinaus weitaus aromatischer und waren bekömmlicher als Handelsprodukte – man kannte die wertvollen Inhaltsstoffe und verwendete weder Geschmacks- und noch andere Zusatzstoffe. Dennoch: Im Umgang mit Alkohol heißt es, Vorsicht und Maß walten zu lassen, will man den ungetrübten Genuss.

Die Zubereitung war früher traditionell Männerdomäne und Aufgabe des Großvaters. Er hatte die alten Familienrezepte im Kopf, er wusste, wo und wann genau in Garten und freier Natur die köstlichen Zutaten heranreiften. Und gut Ding will Weile haben: Der Großvater nahm sich die Zeit für Vorbereitung, Ansatz, Überprüfen und schließlich Abfüllen der hochprozentigen Flüssigkeiten in den bauchigen Gefäßen. War auch die Vorbereitung eher Männersache, so wurde das Resultat doch von allen genossen. Auch wenn sich Mütter und Tanten ein wenig zierten – um die heilsame Wirkung wussten sie wohl!

Heute besinnt man sich auf diese althergebrachte Kunst, denn die Herstellung der köstlichen Wohltäter ist gar nicht schwer. Es bedarf nur weniger Zutaten und der Beachtung einiger Grundregeln, die wir hier zusammen mit vielen wirkungsvollen Rezepten und Großvaters Tipps zur Herstellung feiner Schnäpse und Liköre verraten wollen.

Ein Prosit auf die Gesundheit!

Geeignete Spirituosen zum Ansetzen

Heilende Spirituosen sollten in keinem Haushalt fehlen. Sie sorgen für ein Wohlgefühl nach zu üppigem Essen, beruhigen Magen und Darm genauso wie die Mund- und Rachenschleimhäute. Selbst bei seelischer oder körperlicher Unausgewogenheit vermögen sie zu helfen. Hervorgehoben werden muss, dass ein Zuviel die heilende Wirkung der hier beschriebenen Schnäpse und Liköre zunichte macht. Wer sich entscheidet, seine Beschwerden mit einem in diesem Buch beschriebenen Elixier zu behandeln, darf nicht vergessen, dass es sich um Alkohol handelt. Er gehört nicht in Kinderhände und darf auf keinen Fall vor dem Autofahren oder dem Bedienen von Maschinen getrunken werden. Man sollte die Mengeneinnahme auf täglich 2–4 cl beschränken. Für den Ansatz der meisten Schnäpse und Liköre benötigen Sie folgende Spirituosen:

Weingeist

Hier handelt es sich um ein Destillat von 96 Vol. %. Weingeist ist in der Apotheke erhältlich und wird dort in 1/2-l-Einheiten abgegeben. Ein Ansatz mit Weingeist muss

vor dem Abziehen auf Flaschen mit destilliertem Wasser verdünnt werden. Normales Leitungswasser würde den Ansatz trüben. Das beste Mischungsverhältnis ist 1:1,5. Also 1/2 l Weingeist und 0,75 l destilliertes Wasser. Weingeist eignet sich besonders für den Ansatz mit Kernobst, Nüssen, Zweigen und Zapfen. Er löst und laugt die wichtigen Inhaltsstoffe der Aromaten am besten aus.

Kornbrand mit 38–42 Vol. % Alkohol

Kornbrand eignet sich für Beerenfrüchte und zarte Kräuter. Er ist geschmacksneutral und bietet, wenn ein Ansatz zu süß oder zu bitter erscheint, die Möglichkeit, mit einfachem Auffüllen den Geschmack zu korrigieren.

Weiß- und Rotwein

Die verwendeten Weine sollten nicht zu trocken sein und 9–12 Vol. % Alkohol enthalten.

Weinbrand

Weinbrand wird durch die Destillation von Wein gewonnen. Nach der Destillation wird der Brand für mindestens sechs Monate in einem Eichenholzfass gelagert. Dabei nimmt das Destillat eine goldbraune Farbe und das Aroma des Holzfasses an. Der Alkoholgehalt muss 38 % Vol. betragen. Weinbrand eignet sich besonders für den Ansatz von Likören, da sein Aroma sich vorzüglich mit der Süße des Zuckers verträgt.

Wodka

Wodka ist eine farblose Spirituose mit einem Alkoholgehalt von 37,5–80 % Vol. Er zeichnet sich besonders durch seinen nahezu neutralen Geschmack aus. Wodka, der 37,5 % Vol. enthält, eignet sich hervorragend zur Herstellung von Ansatzschnäpsen. Er belässt den Zutaten den Eigengeschmack und ist für Bitterschnäpse und -liköre besonders geeignet.

Obstler

Obstler oder Obstbrand bezeichnet einen Schnaps, der aus verschiedenen Früchten wie z. B. Birnen, Äpfeln oder Zwetschgen hergestellt wird. Dieses feine Destillat sollte nicht mit den Früchten, aus denen es gebrannt wurde, angesetzt werden. Wählen Sie lieber Beeren, Blüten oder Samen. Bei der Zuckerzugabe sollten Sie nicht zu sparsam sein. Obstler eignet sich ebenfalls bestens zur Likörherstellung.

Weitere Zutaten

Weitere Zutaten wie Beeren, Früchte, Kräuter, Tannennadeln und -zapfen, die Sie für den Ansatz eines Heiltrunks benötigen, werden gründlich, aber sehr vorsichtig gewaschen. Zum Abtropfen werden sie auf ein Baumwolltuch gelegt und mit einem weiteren Baumwolltuch behutsam trocken getupft. Wurzeln werden mit einem trockenen Tuch abgerieben und eventuell geschält. Samen und Nüsse sollten stets auf Verunreinigungen kontrolliert werden.

Schnaps aus Schrot und Korn gebrannt

Schnaps ist das umgangssprachliche Wort für hochprozentigen Kornbrand von 38–42 % Vol.

Alkohol. Zur Herstellung von Ansatzschnäpsen eignet er sich besonders, da er durch seine geschmackliche Schlichtheit die Aromen der verwendeten Zutaten nicht verfälscht. Der Ansatz wird nicht zu hochalkoholisch und muss daher nicht mit destilliertem Wasser verdünnt werden. Auch kann man zu süße oder gar zu bittere Ansätze durch Zugabe von Schnaps auf den gewünschten Geschmack bringen. Obwohl der Alkoholgehalt nicht so hoch ist, entzieht er den Zutaten auf milde Art ihre Aromen und fängt sie für den Genuss und die Gesundheit ein.

Liköre aus Beeren, Blüten, Früchten, Kräutern, Nüssen und Samen

Als Likör bezeichnet man ein alkoholisches Getränk, das pro Liter einen Mindestgehalt von 100 g Zucker enthält. Die Zuckerart spielt dabei keine Rolle. Es kann auch Kandis (weiß oder braun), brauner Rohrzucker oder Honig verwendet werden. Es gibt nichts Köstlicheres als selbst gemachte Liköransätze. Sie können sie ganz nach Ihrem Geschmack süßen und würzen. Und werden sie dann auch noch in einer edlen Karaffe oder Flasche präsentiert, kann kaum jemand Nein sagen. Gleichzeitig unterstützen sie Ihr Wohlbefinden. Denn viele Liköre haben heilende Eigenschaften. Sie fördern die Verdauung und regen den Appetit an. Sie beleben den Kreislauf oder beruhigen die Nerven und sorgen für einen erholsamen Schlaf. Profitieren Sie von der gesundheitsfördenden Wirkung der in dieser Sammlung beschriebenen Liköre und genießen Sie ihr feines Aroma.

Wichtige Hinweise zur Einlagerung

Haltbarkeit

Auch wenn es noch so viel Spaß macht, selbst Ansätze von Schnaps und Likör herzustellen, bremsen Sie sich! Führen Sie genau Buch über Ihren Kellerinhalt. Kein Ansatz sollte länger als ein Jahr in Ihrem Keller lagern. Die Ansätze haben eine Lagerzeit von maximal einem Jahr. Danach verlieren sie an Aroma und Geschmack.

Filtrieren/Filtern

Es gibt mehrere Möglichkeiten, den Ansatz zu filtrieren:

Filtern im Kaffeefilter

a) Den Ansatz in kleinen Portionen durch einen handelsüblichen Kaffeefilter aus Papier gießen und somit die Trübstoffe oder Aromaten entfernen.

Filtern im Haarsieb

b) In den Ausguss eines großen Gefäßes ein feines Haarsieb hängen und dieses mit einem Leinen- oder Mulltuch auslegen. Den Ansatz in Portionen einfüllen und durchsickern lassen. Das Tuch hin und wieder ausleeren und unter heißem Wasser auswaschen. Den Vorgang so lange wiederholen, bis der gesamte Ansatz gefiltert ist.

Abseihen

c) Bei großen Obststücken oder größeren Kräutersträußen wird ein Küchensieb über eine große Schüssel oder ein anderes Behältnis gehalten und der Ansatz vorgefiltert. Dann erst kommt die Feinfilterung wie oben beschrieben.

Flaschen

Wenn Sie in gebrauchte Flaschen abfüllen, beachten Sie bitte, dass die Flaschen penibel gereinigt sein müssen. Sind sie nicht sauber, wird der abgefüllte Ansatz trüb und kippt um. Benutzen Sie für klare Schnäpse weiße, transparente Flaschen. Das sieht schöner aus und verleiht dem selbst angesetzten Schnaps eine gewisse Klasse. Bei Ansätzen, die dunkel sind, sollten Sie Flaschen aus grünem oder braunem Glas benutzen.

Auf Flaschen ziehen

Beim Abfüllen wird mit Unterdruck gearbeitet. Dafür einen Abfüllschlauch in die Ballonflasche oder ein anderes Ansatzgefäß stecken, mit dem Mund die Flüssigkeit ansaugen und mit Daumen und Zeigefinger den Schlauch abdrücken. Jetzt das Schlauchende in die vorgesehene Flasche halten und die Finger lösen. Nun läuft der gefilterte Ansatz in die Flasche. Ist die Füllmenge erreicht, wieder mit Daumen und Zeigefinger den Schlauch verschließen und die nächste Flasche befüllen. Einen lebensmittelechten Schlauch bekommen Sie im Drogerie-Fachhandel.

Flaschenverschlüsse

Achten Sie darauf, dass die Verschlüsse kein Plastik und keinen Karton enthalten. Das findet man häufig bei Saftflaschen. Da Alkohol ein Lösungsmittel ist, würde der Verschluss sich nach kurzer Zeit auflösen und den Flascheninhalt verderben. Benutzen Sie möglichst Korken oder Glasstöpsel. Das ist etwas teurer, lohnt aber auf lange Sicht.

Lagerung

Alle Flaschen, in die ein Ansatz abgefüllt wurde, sollten kühl und dunkel lagern, da der Inhalt sonst ausflocken könnte. Wenn Sie ganz sicher sind, dass die Flaschen so fest verschlossen sind, dass bei der Liegendlagerung nichts herauströpfelt, können die Flaschen auch liegend gelagert werden.

Tipp

Bitte nie aus Dekorationsgründen Beerenfrüchte in den klaren Schnaps einbringen. Sie verlieren nach einiger Zeit die Farbe und lösen sich auf. Das sieht sehr unschön aus.

Opas feinste Schnäpse

Apfelschnaps

Zutaten

- 4–5 festfleischige, säuerliche Äpfel
- 2 Zitronen
- 1 Vanilleschote
- 1 l Wodka

Vorbereitung: Äpfel waschen, schälen, vierteln und das Kerngehäuse entfernen. In 1 cm große Würfel schneiden. Von den Zitronen die Schale abreiben und den Saft auspressen. Vanilleschote aufschlitzen.

Zubereitung: Die zerkleinerten Äpfel in ein großes, verschließbares Gefäß füllen. Zitronenabrieb, Zitronensaft und Vanilleschote dazugeben und vermischen. Nun den Wodka aufgießen, Gefäß verschließen und an einem warmen, hellen Ort für 6 Wochen ruhen lassen. Danach den Ansatz filtern und in verschließbare Flaschen füllen.

Zum Wohl! Bei grippalen Infekten 2 cl in ein Glas heißen Tee geben und in kleinen Schlucken trinken. Danach gut eingepackt ins Bett legen und schwitzen.

Aquavit

Vorbereitung: Die etwa 5 cm große Ingwerwurzel schälen und in kleine Stücke schneiden. Die Wurzel muss frisch sein. Das erkennt man daran, dass sie sich prall und glatt anfühlt. Das Wurzelfleisch soll gelb und saftig aussehen. Die Chilischote waschen, aufschlitzen und die Kerne entfernen.

Zubereitung: Die geschälte und zerkleinerte Ingwerwurzel mit der Chilischote und allen anderen Zutaten in einer ausreichend großen, klarglasigen Flasche ansetzen. In den nächsten Stunden die Flasche immer wieder schütteln, sodass sich der Kandiszucker auflöst. In der Zwischenzeit die Flasche ins Licht stellen. Dafür eignet sich am besten eine nach Süden gelegene Fensterbank. Nach 48 Stunden den Ansatz filtern und auf 1/2-l-Flaschen ziehen. Gut verschließen und kühl lagern.

Zum Wohl! Aquavit regt die Produktion von Gallensaft an und hat somit eine verdauungsanregende Wirkung. Ingwer, Kümmel und Gewürznelke wirken entzündungshemmend im ganzen Körper. Kleine äußerliche Verletzungen können mit Aquavit betupft werden: Es bildet sich schneller Schorf und die Wunden heilen besser.

Zutaten

- 1 Stück Ingwerwurzel, etwa 5 cm groß
- 1 Chilischote
- 1 Tl Kümmelsamen
- 1 Gewürznelke
- 1 Msp. Muskatnuss, gemahlen
- 1/2 Tl Safranfäden
- 1 kleine Zimtstange
- 50 g weißer Kandiszucker
- 1 l Doppelkorn

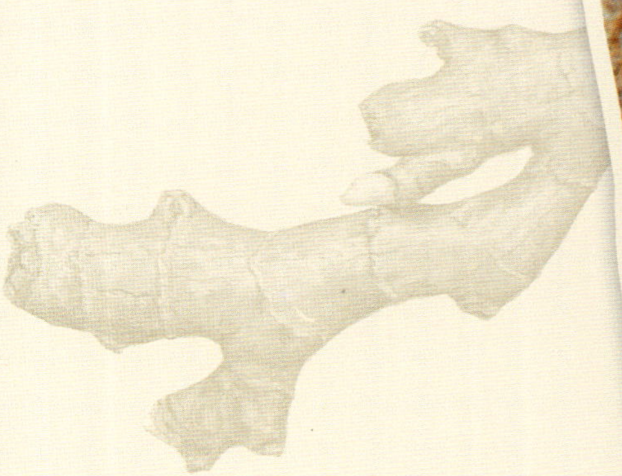

Basilikumschnaps

Zutaten

- 1 unbehandelte Zitrone
- 30 Basilikumblätter
- 1 l Korn (38%)
- 20 g weißer Kandis

Vorbereitung: Von der Zitrone nur die gelbe Schale mit einem Sparschäler vorsichtig abschälen und zerkleinern. Die Basilikumblätter unter kaltem Wasser abbrausen und trocknen.

Zubereitung: Die fein zerkleinerte Zitronenschale mit den gewaschenen Basilikumblättern in eine bauchige Flasche füllen. Den Kandis einfüllen und mit dem Korn aufgießen. Diese Mischung an einem dunklen, warmen Ort für etwa 3 Wochen aufbewahren. In dieser Zeit den Ansatz täglich schütteln. Für weitere 14 Tage die Flasche ruhen lassen. Nach dieser Zeit den Ansatz auf 1/2-l-Flaschen ziehen und kühl lagern.

Zum Wohl! Basilikumschnaps sorgt für einen rosigen Teint und vertreibt Appetitlosigkeit. Dem feinen Basilikum werden magische Kräfte nachgesagt. Die ursprünglich im Orient beheimatete Pflanze galt als Symbol der Frucht bar keit. Mit den Seefahrern gelangte sie im 16. Jahrhundert nach Europa, wo sie als vielseitiges Küchenkraut ihren Siegeszug antrat.

Brennnesselgeist

Zutaten

20 Brennnesselblätter
1 El Feldstiefmütterchenblüten
1 Tl Gänseblümchenblüten
1 El Holunderblüten
1 Tl Ringelblumenblüten
1 El Tausendgüldenkraut
1 l Obstler aus Kernobst

Vorbereitung: Von den Brennnesseln nur die jungen, feinen Blätter abzupfen. Vorsicht! Dabei kann man sich bekanntlich die Fingerspitzen verbrennen.

Zubereitung: Alle Zutaten in eine dickbauchige, braune Flasche füllen und mit dem Obstler aufgießen. Die Flasche gut verschließen und in den nächsten 3 Wochen täglich schütteln. Nun den Ansatz einige Tage ruhen lassen, anschließend abseihen, filtern und in Flaschen füllen.

Zum Wohl! Der Brennnesselgeist wirkt entwässernd. Sein hoher Anteil an Chlorophyll gilt als besonders blutbildend. Bei starker Regelblutung oder in den Wechseljahren täglich 2 cl Brennnesselgeist in eine Tasse schwarzen Tee geben und in kleinen Schlucken trinken. Die Wirkung ist ausgleichend und regulierend. 4 cl Brennnesselgeist auf 1 l warmes Wasser als letzte Spülung nach dem Haarewaschen lässt lästige Schuppen verschwinden.

Tipp

Den Schnaps gut verschlossen aufbewahren, damit Geschmack und Aussehen erhalten bleiben. Nur Glasflaschen verwenden, damit sich durch den Alkohol keine Partikel aus anderem Behältermaterial lösen und sich als Schwebstoffe in der Flüssigkeit befinden.

Eisenkrautgeist

Vorbereitung: Echtes Eisenkraut, Benediktenkraut und Weidenrinde mit den Händen grob zerkleinern.

Zubereitung: Beide Kräuter mit der Weidenrinde in eine große Flasche füllen. Den Korn zufügen und die Flasche verschlossen in die Sonne auf die Fensterbank stellen. Dort bleibt sie für 2 Wochen stehen, wobei sie täglich geschüttelt werden sollte. Den Ansatz abschließend durch ein Sieb geben, die Kräuter ausdrücken und den Ansatz auf kleine Flaschen ziehen.

Zum Wohl! 2 cl des Ansatzes in etwas warmem Wasser verdünnt und in kleinen Schlucken getrunken, wirken antibakteriell und krampflösend sowie harntreibend.

Zutaten

30 g Echtes Eisenkraut
15 g Benediktenkraut
15 g Weidenrinde
1 l Korn (40 %)

Echtes Eisenkraut, Benediktenkraut und Weidenrinde in der Apotheke besorgen.

Enzianwurzelgeist

Zutaten

- 15 g gelbe Enzianwurzel (in der Apotheke erhältlich)
- 15 g gefleckte Enzianwurzel
- 1 l Doppelkorn (40 %)

Vorbereitung: Wurzeln mit einem Tuch oder Pinsel säubern.

Zubereitung: Die Wurzeln in eine klarglasige Flasche geben und mit Doppelkorn auffüllen. Für 2 Wochen auf die Fensterbank in die Sonne stellen und hin und wieder schütteln. Anschließend für 6 Wochen in den Keller legen und ruhen lassen. Danach den Ansatz durch einen Filter gießen und ohne Wurzeln abfüllen.

Zum Wohl! Enzian hilft bei Appetitlosigkeit, wirkt gegen Blähungen und lindert Völlegefühl. Nicht anzuraten ist Enzian bei Personen mit Magen- und Zwölffingerdarmgeschwüren, denn er regt die Produktion der Magensäure an und würde somit das Krankheitsbild verschlimmern.

Erkältungsschnaps

Vorbereitung: Zwiebeln schälen und in dicke Scheiben schneiden.

Zubereitung: Die Zwiebelscheiben in ein bauchiges Gefäß mit großer, wieder verschließbarer Öffnung geben. Mit dem braunen Rohrzucker bestreuen und über Nacht an einem warmen Ort ziehen lassen. Am nächsten Morgen mit Wodka auffüllen und verschlossen für eine Woche im Warmen ziehen lassen. Vor dem Abfüllen einmal kräftig umrühren und wieder setzen lassen. Jetzt auf kleine Flaschen ziehen und kühl lagern.

Zum Wohl! Bei beginnender Erkältung 2–4 cl der Flüssigkeit leicht erhitzen und in kleinen Schlucken trinken. Danach sollte man sich dick eingepackt ins Bett legen und schwitzen.

Zutaten

- 3 große Zwiebeln
- 500 g brauner Rohrzucker
- 1 l Wodka

Eukalyptusschnaps

Zutaten

25 g Eukalyptusblätter
1/2 Tl geriebene Enzianwurzel
1 El Stevia (Süßpflanze)
2 El getrocknete Pfefferminze
2 El getrocknete Zitronenmelisse
1 l Wodka

Vorbereitung: Die Eukalyptusblätter grob zerkleinern, die Enzianwurzel schälen und auf einer Reibe fein reiben.

Zubereitung: Die vorbereiteten Zutaten und die restlichen Kräuter in eine Flasche füllen und mit Wodka übergießen. Für 2 Wochen auf die sonnige Fensterbank stellen. In dieser Zeit die Flasche immer wieder schütteln. Danach den Ansatz filtrieren und auf kleine Flaschen ziehen. Kühl lagern.

Zum Wohl! Drohen in der kalten Jahreszeit Husten und Schnupfen, vom Eukalyptusansatz 2–4 cl in heißen Tee mit Honig geben und langsam trinken. Er ist schleimlösend und befreit die Atemwege.

Fichtennadelschnaps

Vorbereitung: Die Fichtennadeln unter lauwarmem Wasser waschen und vorsichtig trockentupfen.

Zubereitung: Fichtennadeln in eine Flasche geben. Honig und Gelee Royale zufügen und mit Wodka aufgießen. Die Faustregel für den Zeitraum des Ansatzes lautet: junge Nadeln = eine Woche; frische, aber schon ältere Nadeln = 2 Wochen; getrocknete Nadeln = ein Monat. In dieser Zeit den Ansatz täglich schütteln. Abschließend filtrieren, auf kleine Flaschen ziehen und kühl lagern.

Zum Wohl! Fichtennadelschnaps ist ein probates Mittel gegen Nervosität und Schlafstörungen. Vor dem Schlafengehen 2 cl in kleinen Schlucken trinken. Dabei den Ansatz etwas im Mund behalten, damit er schon durch die Schleimhäute im Mund aufgenommen werden kann.

Zutaten

- 10 g Fichtennadeln
- 80 g Waldhonig
- 1 El Gelee Royale (im Reformhaus erhältlich)
- 1 l Wodka

Tipp

Fichtentriebe abbrechen; sie sind ganz besonders zart. Als Alternative oder als Beimischung zu den Fichtentrieben können auch Kiefernnadeln verwendet werden.

Frauenmantelgeist

Zutaten

30 g Frauenmantelkraut
10 g Taubnesselsamen
25 g Beifußkraut
10 g gemahlener Fenchelsamen
1 l Beerenobstler

Frauenmantel und Taubnesselsamen in der Apotheke besorgen.

Zubereitung: Die Kräuter und die Samen in eine klarglasige, große Flasche füllen. Den Obstler angießen und die Flasche verschließen. Für 2 Wochen auf die Fensterbank in die Sonne stellen und täglich schütteln. Danach filtrieren und auf kleine Flaschen ziehen.

Zum Wohl! Bei Durchfallerkrankungen nimmt man 3 x täglich 2 cl mit etwas warmem Wasser verdünnt ein. Klingen die Beschwerden nach 2 Tagen nicht ab, sollte ein Arzt aufgesucht werden.

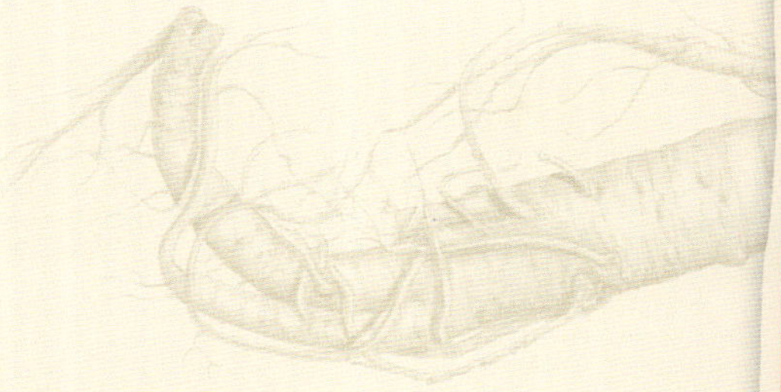

Ginsengschnaps

Vorbereitung: Die Ginsengwurzel säubern, schälen und sehr fein zerkleinern.

Zubereitung: Die Ginsengwurzel mit dem Doppelkorn in einen Topf geben und bis kurz vor den Siedepunkt erhitzen. Der Ansatz darf auf keinen Fall kochen. Den Sud in ein verschließbares Behältnis füllen und ab kühlen lassen. Jetzt das Gelee Royale zufügen, das Gefäß verschließen und etwa 10 Tage ziehen lassen. Nun den Ansatz filtrieren und auf Flaschen ziehen.

Zum Wohl! Menschen, die zu Kurzatmigkeit und Schweißausbrüchen neigen, nehmen 3 x täglich 1 Teelöffel vom Ginsengschnaps. Auch Schwächeanfälle werden mit der Einnahme von Ginsengschnaps gelindert. Länger als 3 Monate und in hohen Dosierungen sollte der Ginsengschnaps nicht genommen werden, da er dann Bluthochdruck erzeugen kann.

Zutaten

100 g Ginsengwurzel
2 El Gelee Royale (im Reformhaus erhältlich)
1 l Doppelkorn

Heidelbeergeist

Vorbereitung: Die frischen Heidelbeeren auf einem Backblech ausbreiten und für 2–3 Tage in der Sonne trocknen lassen. Wem das zu lange dauert, der kann die Früchte im Backofen bei 80 °C in etwa 2 Stunden trocknen.

Zutaten

1 kg Heidelbeeren (nach dem Trocknen abgewogen)

1 l Wodka

Zubereitung: Die getrockneten Heidelbeeren noch einmal verlesen und in eine dickbauchige Flasche füllen. Den Wodka einfüllen und die Flasche verschließen. Die Mischung für 4–5 Wochen auf der Fensterbank in die Sonne stellen. Dabei täglich den Ansatz schütteln. Nach dieser Zeit die Flasche in den Keller stellen und für weitere 4–5 Wochen ruhen lassen. Dann den Ansatz abfiltern und auf kleine Flaschen ziehen.

Zum Wohl! Bei Blasenschwäche nimmt man täglich 1 Esslöffel vor dem Schlafengehen. Hat Montezumas Rache zugeschlagen, nimmt man 3 x täglich 1 Teelöffel voll. Die in den Heidelbeeren enthaltenen Gerbstoffe bringen hier schnell Besserung.

Tipp

Wildwachsende Heidelbeeren sind um ein Vielfaches aromatischer als gekaufte Früchte. Wer die Möglichkeit hat, sollte die Heidelbeeren also in freier Natur selbst pflücken. Gut reinigen und nicht wundern: Nach dem Genuss von einigen Wildfrüchten wird die Zunge blau.

Holundergeist

Zutaten

- 1 kg Holunderbeeren
- 80 g brauner Rohrzucker
- 2 El Honig
- 1 l Wodka

Vorbereitung: Die Holunderbeeren waschen und auf einem Tuch trocknen lassen.

Zubereitung: Die Holunderbeeren von den Stängeln zupfen und in ein verschließbares Glas geben. Mit einem Stampfer zerdrücken. Zucker und Honig zufügen und gut miteinander vermischen. Nun den Wodka angießen und das Gefäß verschließen. Den Ansatz für die nächsten 6–8 Wochen auf die Fensterbank in die Sonne stellen. Nach dieser Zeit den Ansatz filtrieren, auf kleine Flaschen ziehen und danach kühl lagern.

Zum Wohl! Dieser Holunderschnaps ist ein probates Mittel, um das körpereigene Immunsystem zu stärken. Hat einen die Erkältung schon erwischt, gibt man vom Holunderschnaps 2 cl in ein Glas heißen Tee.

Hopfenkorn

Vorbereitung: Die Hopfenblütenzapfen kalt abspülen und in einem Salatsieb trockenschleudern.

Zubereitung: Die Hopfenblütenzapfen in eine dickbauchige Flasche füllen, mit dem Zucker vermischen und anschließend mit Doppelkorn übergießen. Die Flasche schließen und den Ansatz kräftig schütteln. Für 3 Wochen in die Sonne stellen und täglich schütteln. Nach dieser Zeit den Ansatz für weitere 3 Wochen ruhen lassen. Danach filtrieren und auf kleine Flaschen ziehen.

Zum Wohl! Wer nervös und gestresst ist, sollte vom Hopfengeist am Abend 2 cl in kleinen Schlückchen trinken. Das entspannt, macht müde und sorgt für einen guten, tiefen Schlaf.

Zutaten

- 150 g Hopfenblütenzapfen (in der Apotheke erhältlich)
- 50 g brauner Rohrzucker
- 1 l Doppelkorn

Tipp

Die Behälter vor der Benutzung sehr gründlich reinigen. Es empfiehlt sich, Flasche bzw. Glas und Deckel für einige Minuten in einem Topf mit kochendem Wasser zu sterilisieren oder den Behälter mit Wasser gefüllt kurz in die Mikrowelle zu stellen, um sie keimfrei zu machen.

Isländerschnaps

Zutaten

- 15 Wacholderbeeren
- 2 Kardamomkapseln
- 3 El Rosinen
- 50 ml Kirschsaft
- 50 ml Weinbrand
- 250 ml destilliertes Wasser
- 4 Tropfen Bittermandelöl (Backzubehör)
- 250 ml Weingeist (in der Apotheke erhältlich)

Vorbereitung: Wacholderbeeren und Kardamom im Mörser zerstoßen.

Zubereitung: Die Wacholderbeeren, Kardamomkapseln und Rosinen mit den Flüssigkeiten in eine dickbauchige Flasche füllen, gut verschließen und den Ansatz kräftig schütteln. Die Flasche für 3 Wochen in die Sonne stellen und täglich schütteln. Abschließend filtrieren und in Flaschen abfüllen.

Zum Wohl! Isländerschnaps beruhigt den nervösen Magen und erzeugt im Körper eine wohlige Wärme. Er ist so lecker, dass man ihn auch gerne nur zum Naschen trinkt.

Jasminschnaps

Zubereitung: Die Jasminblüten und den Kandiszucker in eine klarglasige Flasche füllen und mit Wodka auffüllen. Für 3 Wochen auf die Fensterbank in die Sonne stellen und täglich mehrmals schütteln. Nach dieser Zeit den Ansatz abseihen und in kleine Flaschen oder Karaffen füllen.

Zum Wohl! Die durchblutungsfödernden Eigenschaften des Jasminschnapses steigern die Libido bei Mann und Frau. Jasminschnaps wirkt krampflösend und hilft bei Erschöpfungszuständen und Depressionen.

Zutaten

- 100 g Jasminblüten (in der Apotheke erhältlich)
- 100 g weißer Kandiszucker
- 1 l Wodka

Johanniskrautgeist

Zutaten

- 50 g getrocknete Johanniskrautblüten (in der Apotheke erhältlich)
- 1/2 l Weingeist
- 1/2 l destilliertes Wasser

Vorbereitung: Die Johanniskrautblüten verlesen.

Zubereitung: Die Johanniskrautblüten mit den Fingerspitzen zerzupfen und in eine Flasche füllen. Weingeist und destilliertes Wasser zufügen und einmal kräftig schütteln. Für 2 Wochen dunkel lagern, während dieser Zeit die Flasche öfter schütteln. Weitere 2 Wochen dunkel lagern und ruhen lassen. Dann den Ansatz 2 x filtrieren und in eine saubere Flasche füllen.

Zum Wohl! Johanniskrautgeist wirkt beruhigend. Zudem stärkt er Nieren und Blase und unterdrückt so lästigen Harndrang in der Nacht.

Kaffeeschnaps

Zubereitung: Alle Zutaten in eine ausreichend große Flasche füllen und für 6 Wochen an einem hellen, ruhigen Ort ziehen lassen. In dieser Zeit den Ansatz hin und wieder schütteln. Danach den Ansatz filtern und in kleine Flaschen umfüllen und gut verschließen. Diese sollten jetzt dunkel und kühl lagern.

Zum Wohl! Kaffeeschnaps wirkt in hohem Maße anregend und belebend. Die Durchblutung wird gefördert, die Sinne werden geschärft und die Aufnahmefähigkeit wird gesteigert. Wenn Sie in der Nacht ruhig schlafen möchten, sollten Sie abends vom Genuss des Schnapses absehen. Haben Sie jedoch die Absicht, die Nacht zum Tag zu machen, sollten Sie und die- oder derjenige, der diese Zeit mit Ihnen teilen soll, das eine oder andere Glas gemeinsam trinken.

Zutaten

- 250 g Kaffeebohnen der Sorte Arabica
- 1 Gewürznelke
- 1 Kardamomkapsel
- 3 El brauner Rohrzucker
- 1 l Wodka

Kalmusschnaps

Zutaten

100 g getrocknete Kalmuswurzel (in der Apotheke erhältlich)
0,7 l Wodka

Zubereitung: Kalmuswurzel und Wodka in eine Flasche füllen und für 6 Wochen auf die Fensterbank in die Sonne stellen. Nach dieser Zeit den Ansatz durch ein Tuch filtrieren, dabei die Wurzelrückstände kräftig ausdrücken und die Mischung in eine Flasche aus grünem oder braunem Glas füllen.

Zum Wohl! Kalmusschnaps ist in erster Linie ein Aphrodisiakum für Männer. Aber er hat noch andere Fähigkeiten. Er hilft bei Magen-Darm- und Gallen-Beschwerden und belebt den gesamten Darmtrakt. Er löst Blähungen, vertreibt Sodbrennen und stabilisiert die Knochen bei beginnender Osteoporose. Täglich 2 cl in etwas Tee genossen bringen in vielen Fällen Hilfe.

Tipp

Unbedingt die Blütenköpfchen der Echten Kamille verwenden und nur auf ungedüngten Wiesen und Äckern pflücken! Sie ist am kräftigen Duft, den zurückgeklappten weißen Blütenblättchen und dem hohlen Blütenboden erkennbar. In getrockneter Form sind Kamillenblüten auch in Apotheken erhältlich.

Kamillenschnaps

Vorbereitung: Die frische Kamille auf einem Tuch ausbreiten und 2 Tage an einem schattigen Platz trocknen lassen.

Zubereitung: Die getrockneten Blüten in eine Flasche füllen und mit Weingeist und destilliertem Wasser auffüllen. Die Flasche für 4 Wochen an einen sonnigen Platz stellen. In dieser Zeit die Flasche ab und an schütteln. Zum Abschluss 2 x filtrieren und in eine saubere Flasche füllen.

Zum Wohl! Ein Gläschen Kamillenschnaps ist ein gutes Mittel gegen Magen- und Darmbeschwerden. Er wirkt krampflösend und beruhigend und regt die Nierenfunktion an. 4 cl Kamillenschnaps im letzten Spülwasser beim Haarewaschen verleihen den Haaren einen seidigen Schimmer.

Zutaten

- 40 g Kamillenblütenköpfe
- 1/2 l Weingeist
- 1/2 l destilliertes Wasser

Knoblauchkorn

Zutaten

- 1 Knoblauchknolle
- 3 El brauner Rohrzucker
- 1 Prise Salz
- 1 l Doppelkorn

Vorbereitung: Den Knoblauch schälen und mit dem Messerrücken zerdrücken.

Zubereitung: Den geschälten und zerdrückten Knoblauch mit Rohrzucker und Salz in eine ausreichend große Flasche geben und mit Doppelkorn auffüllen. Den Ansatz 2 Wochen an einem dunklen, lichtgeschützten Ort aufbewahren. Zum Abschluss abseihen und wieder in eine Flasche füllen.

Zum Wohl! Knoblauchschnaps schützt vor hohem Blutdruck und beugt der Arterienverkalkung vor. Gleichzeitig wirkt er positiv auf einen zu hohen Cholesterinspiegel. Wird am Abend ein Gläschen genossen, regt er zudem noch die Verdauung an. Schon in der Antike wusste man um die Heil- und Würzkraft des Knoblauchs und verzehrte ihn in großen Mengen.

Lavendelgeist

Zubereitung: Lavendelblüten, Weidenrinde und Gewürznelke in eine Flasche füllen und mit Tresterbrand aufgießen. Die Flasche verschließen und für 2 Wochen ziehen lassen. In dieser Zeit die Flasche öfter schütteln. Abschließend den Ansatz filtern, das geht am besten, wenn man ihn langsam durch einen Kaffeefilterbeutel in eine saubere Flasche tröpfeln lässt. Die Flasche verschließen und noch einmal 5 Tage ruhen lassen.

Zum Wohl! Lavendel wirkt entspannend. Bei Stress und seelischer Belastung trinkt man von diesem Lavendelgeist 2 cl vor dem Zubettgehen. Er verhilft zu einem tiefen, erquickenden Schlaf, aus dem man erfrischt und ausgeruht in den neuen Tag starten kann.

Zutaten

- 30 g Lavendelblüten
- 20 g Weidenrinde
- 1 Gewürznelke
- 1 l Tresterbrand

Tipp

Wer selbst Lavendel im Garten hat, zupft sich die Blüten im Sommer vom Strauch. Echter Lavendel ist die Basis für Dragees, Tees oder Badezusätze, die vorwiegend eine beruhigende Wirkung haben. Die auch im gemäßigten Klima winterharte Pflanze liefert auch das Lavendelöl.

Melissengeist

Vorbereitung: Die Melissenblätter gründlich waschen und in einer Salatschleuder trocknen.

Zubereitung: Die Melissenblätter und Blüten in ein ausreichend großes Ansatzgefäß geben. 1 Woche an einem warmen, sonnigen Ort ruhen lassen. Durch ein Sieb abgießen und durch eine Filtertüte ablaufen lassen. Danach den Ansatz filtrieren und auf Flaschen ziehen. Die Flaschen sollten kühl und dunkel lagern.

Zum Wohl! Dieser Melissenschnaps wirkt beruhigend und krampflösend. Äußerlich kann er bei Insektenstichen und Muskelschmerzen angewendet werden. Die Herkunft der Melisse liegt in Westasien und im Mittelmeerraum. Sie wurde schon in der Antike von den Griechen und Römern als Heilpflanze eingesetzt.

Zutaten

- 2 Tassen Melissenblätter
- 50 g getrocknete Melissenblüten
- 0,7 l Wodka

Pflaumengeist

Zutaten

- 3 kg Pflaumen
- 1 Stück Zimtrinde
- 1 Vanilleschote
- 1 l Wodka

Vorbereitung: Für den Pflaumensaft müssen 3 kg Pflaumen im Entsafter gekocht werden, das ergibt etwa 1 l Pflaumensaft. Den Saft nach dem Erkalten durch einen Papierfilter geben, damit auch alle Trübstoffe entfernt werden.

Zubereitung: Den Pflaumensaft mit der Zimtrinde und der aufgeschlitzten Vanilleschote in eine dickbauchige Flasche geben. Den Wodka aufgießen. Für 1 Woche an einem sonnigen Platz stehen lassen. Mehrmals am Tag die Flasche schütteln. Nach dieser Zeit den Ansatz auf kleine Flaschen ziehen und kühl lagern.

Zum Wohl! Nach der letzten Mahlzeit am Tag sollte ein kleines Schnapsglas Pflaumengeist genossen werden. Er fördert die Verdauung und erleichtert den Stuhlgang.

Sassafrasschnaps

Zubereitung: Die Sassafrasblätter in ein ausreichend großes Ansatzgefäß legen und mit dem weißen Rum übergießen. Den Ansatz für einen Monat an einem ruhigen Ort gut verschlossen stehen lassen. Nach dieser Zeit den Auszug filtrieren und auf Flaschen ziehen.

Zum Wohl! Bei Bedarf 2 cl Sassafrasschnaps in kleinen Schlucken trinken. Der Schnaps ist für beide Geschlechter ein berauschendes Liebeselixier. Er enthemmt und sensibilisiert. Achtung! Bei übermäßigem und unsachgemäßem Gebrauch kann der Schnaps über einen längeren Zeitraum hinweg zu Leberschäden führen.

Zutaten

- 100 g getrocknete Sassafrasblätter (in der Apotheke erhältlich)
- 1 l weißer Rum

Tipp

Das Rhizom der Silberdistel enthält ätherische Öle, die dem Silberdistelgeist einen bitteren Geschmack verleihen. Die Silberdistel ist eine typische Pflanze des Alpenlandes und steht wegen ihrer Seltenheit unter Naturschutz – also nicht auf Wanderungen pflücken, sondern in der Apotheke besorgen!

Silberdistelgeist

Zutaten

- 20 g Silberdistel (Stängellose Eberwurz)
- 20 g Wacholderbeeren
- 20 g große Bibernelle
- 1 l Tresterbrand

Vorbereitung: Silberdistel und große Bibernelle zwischen den Fingern zerreiben. Die Wacholderbeeren im Mörser leicht zerdrücken.

Zubereitung: Silberdistel, zerdrückte Wacholderbeeren und große Bibernelle in eine bauchige Flasche füllen und mit dem Tresterbrand auffüllen. Den Ansatz für 3 Wochen im Licht stehen lassen und hin und wieder schütteln. Nach dieser Zeit filtrieren und auf kleine Flaschen ziehen.

Zum Wohl! Dieser Ansatz wirkt in der Verdünnung 1:5 harntreibend und entzündungshemmend auf Nieren und Blase. Allerdings ist hier eine gewisse Vorsicht geboten: Wie alle Korbblütler kann die Silberdistel Allergien auslösen. Bei Hildegard von Bingen findet man den Hinweis, dass Eberwurz ein Allheilmittel für den gesamten Körper ist und vor langwierigen Krankheiten schützt.

Schwedenbitter

Zubereitung: Alle Inhaltsstoffe für den Schwedenbitter in eine großbauchige Flasche füllen und mit Wodka aufgießen. 2 Wochen an einem sonnigen Platz lagern. Hin und wieder die Flasche schütteln. Nach dieser Zeit den Ansatz durch einen Kaffeefilter gießen, damit die Trübteilchen herausgefiltertt werden. Auf kleine Flaschen ziehen, kühl und dunkel lagern.

Zum Wohl! Bei Kopfschmerzen, Magengeschwüren, Gelenkschmerzen, Schwindelanfällen, Entzündungen mit Vereiterungen, Hämorrhoiden u. v. m. Der Schwedenbitter kann laut Hildegard von Bingen, Paracelsus, Maria Treben, Dr. Sams und Sebastian Kneipp gegen eine Vielzahl von Zipperlein eingesetzt werden. Es gelten folgende Faustregeln: 1 Esslöffel Schwedenbitter in ein Glas heißen Tee geben und in kleinen Schlucken trinken. Für die äußerliche Anwendung befeuchtet man einen Wattebausch mit Schwedenbitter. Die Hautstelle mit Ringelblütensalbe dünn bestreichen und den Wattebausch auflegen. Zum Schutz der Kleidung etwas Frischhaltefolie darüberlegen und mit einem Verband fixieren. Ob Sportverletzung oder Hautausschlag, es gibt keine bessere Tinktur als Schwedenbitter.

Zutaten

- 30 g Wermut
- 15 g Rhabarber
- 10 g Myrrhe
- 10 g Enzianwurzel
- 2 g Safranfäden
- 2 g Mazis (Muskatblüte)
- 5 g Sennesblätter
- 20 g Kalmus
- 20 g Muskatnuss
- 2 g Kampfer
- 10 g Manna
- 100 g brauner Rohrzucker
- 1 l Wodka

Tannenbitter

Zutaten

100 g Tannenspitzen
3 El Tannenhonig
1 El Wacholderbeeren
1 Tl Kümmel
1 l Gin

Vorbereitung: Die Tannenspitzen nur mit kaltem Wasser abwaschen und trockenschütteln.

Zubereitung: Die Tannenspitzen mit dem Honig und den Gewürzen in eine ausreichend große Flasche füllen. Den Gin angießen und gut verschlossen für 3 Monate an einem ruhigen, kühlen Platz stehen lassen. Gelegentliches Schütteln nicht vergessen. Nach dieser Zeit den Ansatz auf kleine Flaschen ziehen und für weitere 3 Monate im kühlen Keller ruhen lassen.

Zum Wohl! Bei Husten und Heiserkeit 2 cl Tannenbitter in kleinen Schlucken trinken und lange im Mund behalten. Wem der Tannenbitter pur zu bitter ist, der sollte ihn in heißem Tee zu sich nehmen.

Tipp

Die jungen Spitzen der Tannen werden erst ab Juni etwas fester; möglichst diese Spitzen mit der Gartenschere von den Zweigen schneiden, denn sie sind einerseits noch zart, enthalten aber anderseits schon einige Bitterstoffe. Die Spitzen nicht nur an einer Stelle schneiden, damit das regelmäßige Wachstum der Tanne nicht leidet.

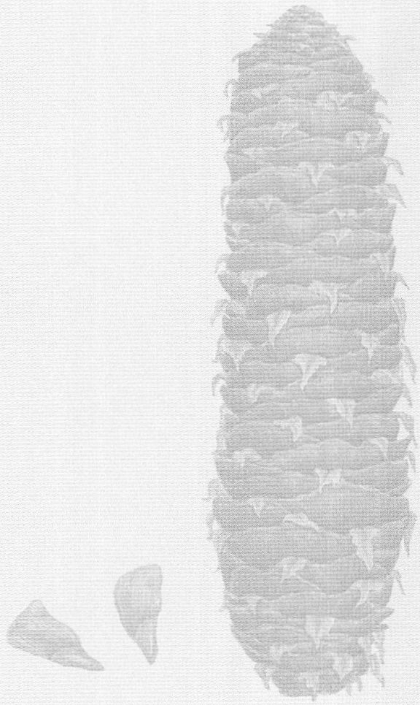

Wacholderschnaps

Zutaten

100 g Wacholderbeeren
1/2 l Weingeist
1/2 l destilliertes Wasser

Zubereitung: Die Wacholderbeeren im Mörser leicht anstoßen. Mit Weingeist und destilliertem Wasser in eine Flasche füllen und 2 Wochen an einem sonnigen Platz stehen lassen. Den Ansatz durch einen Filter gießen und in kleine Flaschen füllen.

Zum Wohl! Wacholderschnaps lindert Appetitlosigkeit und Blasenschwäche. Er entschlackt und entwässert, hilft bei Entzündungen der Harnwege und reguliert die Verdauung. Bei Beschwerden täglich 5 Tropfen auf einen Zuckerwürfel träufeln und langsam im Mund zergehen lassen. Bei Rheuma oder Muskel- und Knochenschmerzen unterstützt er den Heilungsprozess. Für die äußerliche Anwendung einige Tropfen auf die schmerzende Stelle geben und mit kreisenden Bewegungen einreiben.

Tipp

Bei den sogenannten Wacholderbeeren handelt es sich eigentlich um die schwarzblauen Samenzapfen des Nadelgehölzes, die aus eng aneinander liegenden Schuppen bestehen. Wegen ihres Aromas werden sie zur Herstellung vieler Spirituosen, wie auch z. B. Gin, verwendet.

Weißdornschnaps

Zubereitung: Die Weißdorn früchte mit dem Wodka in eine Flasche füllen und für 6 Wochen an einem hellen Platz ziehen lassen. Abschließend den Ansatz abseihen und auf kleine Flaschen ziehen.

Zum Wohl! Weißdornschnaps sorgt für eine bessere Durchblutung des Herzmuskels und wirkt stabilisierend auf das Herz-Kreislauf-System. 3 Tropfen auf ein Stück Würfelzucker geben und langsam im Mund zergehen lassen. Achtung! Die Einnahme sollte mit Ihrem Hausarzt abgesprochen werden.

Zutaten

2 El Weißdornfrüchte (in der Apotheke erhältlich)

1/2 l Wodka

Wunderwasser

Zutaten

- 1/2 Tl Brennnesselwurzel
- 1/2 Tl Löwenzahnwurzel
- 1 Msp. gemahlene Muskatnuss
- 2 Rosmarinzweigspitzen
- 2 Thymianzweige
- 1 Msp. gemahlener Zimt
- 2 El brauner Rohrzucker
- 1 l Wodka

Zubereitung: Alle Zutaten in eine dickbauchige Flasche füllen und gut verschließen. Für 2 Wochen an einen warmen Ort stellen und hin und wieder schütteln. Nach dieser Zeit den Ansatz abfiltern und auf kleine Flaschen ziehen.

Zum Wohl! Bei Antriebsarmut und Unlust. 2 cl vom Wunderwasser in ein kleines Glas halbtrockenen Rotwein geben und in kleinen Schlucken trinken. Das weckt die Lebensgeister und macht wach.

Ziegenkrautschnaps

Zubereitung: Das getrocknete Ziegenkraut mit dem Wodka in eine dunkelglasige Flasche füllen und an einem ruhigen Ort für 3 Wochen ruhen lassen. In dieser Zeit hin und wieder die Flasche schütteln. Abschließend den Ansatz filtrieren und auf kleine Flaschen ziehen.

Zum Wohl! Die Inhaltsstoffe des Ziegenkrauts haben auf beide Geschlechter eine stimulierende Wirkung. Beim Mann wird die Testosteronausschüttung gesteigert und der Penis stärker durchblutet. Beim weiblichen Geschlecht findet eine deutliche Luststeigerung statt. Die Blutgefäße werden erweitert, und man hat ein gesteigertes Wahrnehmungsvermögen. Jeden Tag sollte 1 Teelöffel Ziegenkrautschnaps in warmem Tee langsam in kleinen Schlucken getrunken werden. Schon nach kurzer Zeit sollte die Wirkung einsetzen.

Zutaten

10 g getrocknetes Ziegenkraut (in der Apotheke erhältlich)
1 l Wodka

Opas köstliche Liköre

Ananaslikör

Zutaten

1 große Ananas
150 g weißer Kandis
2 Pimentkörner
2 l Wodka

Vorbereitung: Die Ananas schälen und in kleine Stücke schneiden.

Zubereitung: Die Ananasstücke mit dem Kandiszucker und den Pimentkörnern in ein verschließbares Ansatzgefäß geben und mit dem Wodka auffüllen. Der Ansatz sollte für 4 Wochen an einem sonnigen Ort stehen. Danach abseihen und die Früchte gut ausdrücken. Zuletzt den Likör filtrieren und auf kleine Flaschen ziehen.

Zum Wohl! Dieser wohlschmeckende Likör ist reich an Vitaminen und Mineralien. Zusätzlich enthält er Bromelin, das die Verdauung unterstützt.

Tipp

Die Ananas für die Likörherstellung sollte sich prall anfühlen und glänzen, nur dann ist sie frisch, süß und saftig. Lassen sich ihre inneren Blättchen ganz leicht herauszupfen, ist die Ananas reif. Zusätzlich am Stiel schnuppern: Der Duft sollte hier süß und aromatisch sein.

Anislikör

Vorbereitung: Den Anissamen in einem Mörser leicht zerstoßen.

Zubereitung: Anis, Fenchel und Zucker in ein großes Ansatzgefäß füllen und den Doppelkorn angießen. Alles gut vermischen und das Gefäß fest verschließen. Der Ansatz sollte für 4–5 Wochen an einem sonnigen Platz stehen. Hin und wieder das Gefäß schütteln. Nach dieser Zeit den Ansatz filtrieren und auf Flaschen ziehen. Diese Flaschen sollten kühl und dunkel gelagert werden.

Zum Wohl! Anislikör löst Blähungen und fördert die Verdauung. Bei Erkältungen wirkt der Likör schleim- und hustenlösend.

Zutaten

- 4 El Anissamen
- 1 Tl Fenchelsamen
- 400 g Kristallzucker
- 1 1/2 l Doppelkorn

Bärenfang

Zutaten

- 450 g Bio-Honig
- 220 ml destilliertes Wasser
- 1 unbehandelte Zitrone
- 440 ml Weingeist (aus der Apotheke)
- 1 l stilles Mineralwasser

Vorbereitung: Die Schale einer unbehandelten Zitrone mit einer Reibe abreiben. Ergibt etwa 1 Teelöffel Schalenabrieb. Die Zitrone anschließend auspressen.

Zubereitung: Den Honig mit dem destillierten Wasser in einen Topf füllen und vor sichtig erhitzen. Die Masse darf nicht kochen. Den Topf von der Flamme ziehen, Zitronenabrieb und Saft zufügen und unterrühren. Alles erkalten lassen. Nun den Weingeist zufügen und mit 1 l stillem Wasser auffüllen. Alles in einen verschließbaren Glasbehälter füllen und für etwa 6 Wochen an einem kühlen Ort lagern. Danach abfiltern und auf Flaschen ziehen.

Zum Wohl! Wenn eine Erkältung droht, 2 cl Bärenfang in ein Glas heißen Tee geben und in kleinen Schlucken trinken.

Bärlauchlikör

Vorbereitung: Bärlauchblätter waschen und die harten Stängel abschneiden.

Zubereitung: Die Bärlauchblätter mit den Fingern zerknicken. In eine bauchige Flasche füllen. Nelke, Wachholderbeeren und den weißen Kandiszucker zufügen und mit Wodka aufgießen. Die Flasche verschließen und für 2 Wochen in die Sonne stellen. Den Bärlauchlikör in saubere Flaschen füllen, gut verschließen und kühl lagern.

Zum Wohl! Bärlauchlikör eignet sich hervorragend zur Blutreinigung. Ein Gläschen täglich im Frühjahr aktiviert und kräftigt das körpereigene Abwehrsystem.

Zutaten

- 20 Bärlauchblätter
- 1 Nelke
- 2 Wacholderbeeren
- 200 g weißer Kandis
- 1 l Wodka

Tipp

Bärlauchblätter am besten auf dem Markt oder beim Gemüsehändler kaufen. ACHTUNG! Seine Blätter sind leicht mit denen des hochgiftigen Maiglöckchens zu verwechseln. Bärlauchblätter verströmen im Gegensatz zu ihnen beim Pflücken einen feinen Knoblauchduft. Besser auf „Nummer sicher" gehen.

Beerenlikör

Vorbereitung: Für diesen Liköransatz benötigen Sie ein großes Ansatzgefäß. Brombeeren und Johannisbeeren kurz mit kaltem Wasser abspülen und mit einem weichen Tuch trockentupfen. Die Himbeeren auf Ungeziefer kontrollieren.

Zubereitung: Füllen Sie alle Zutaten bis auf das destillierte Wasser in das Gefäß und vermischen Sie alles gut miteinander. Das Gefäß für 4 Wochen an einen sonnigen, ruhigen Platz stellen und hin und wieder rütteln. Den Ansatz filtrieren und das destillierte Wasser zufügen. Nun den Likör auf kleine Flaschen ziehen. Jetzt sollten die Flaschen kühl und dunkel gelagert werden.

Zum Wohl! Dieser fruchtige Beerenlikör wirkt harntreibend und blutreinigend. Bis zu 4 cl können bedenkenlos an einem Tag genossen werden.

Zutaten

- 500 g Brombeeren
- 500 g Himbeeren
- 500 g Johannisbeeren
- 500 g Kristallzucker
- 1 Msp. Zimt
- 1/2 l Weingeist
- 1 l Wodka
- 1/2 l destilliertes Wasser

Tipp

Wilde Brombeeren und Himbeeren wegen der Schadstoffe auf keinen Fall an stark befahrenen Straßen pflücken; nach einem reinigenden Regenschauer und nur im oberen und mittleren Bereich der Sträucher sammeln, um Verunreinigungen durch Tiere auszuschließen. In größeren flachen Behältern transportieren, die Beeren sind sehr empfindlich.

Bierlikör

Zutaten

- 2 1/2 l dunkles Stark- oder Bockbier
- 130 g Kristallzucker
- 4 Gewürznelken
- 1 Msp. Vanillemark
- 1 kleines Stück Zimtstange
- 1 1/2 l Obstler

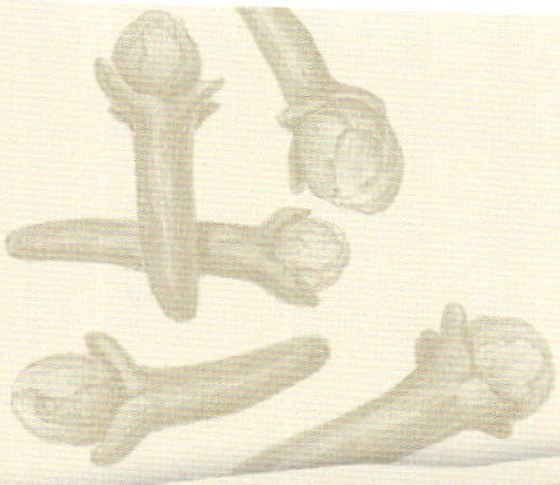

Vorbereitung: Zur Zubereitung des Bierlikörs benötigt man einen großen Topf und ein großes Ansatzgefäß.

Zubereitung: Das Starkbier mit Zucker und allen Gewürzen in einen großen Topf füllen und zum Kochen bringen. Die Temperatur reduzieren und das Bier einige Minuten köcheln lassen. Im Topf abgedeckt abkühlen lassen. Den Ansatz abseihen, wieder in den Topf geben und erneut bis zum Siedepunkt erhitzen. Nach dem Abkühlen nochmals filtrieren und den Obstler zufügen. Den Likör in die bereitstehenden Flaschen füllen und im Keller dunkel und kühl für 2 Monate nachreifen lassen.

Zum Wohl! Bei nervöser Unruhe und Schlaflosigkeit genießt man vor dem Schlafengehen ein Likörgläschen vom würzigen Bierlikör. In kleinen Schlucken getrunken, macht sich bald wohlige Entspannung und Müdigkeit im Körper breit.

Birnenlikör

Vorbereitung: Reife Birnen vierteln, schälen und das Kerngehäuse entfernen.

Zubereitung: Die Birnen in kleine Stücke schneiden und mit einem Kartoffelstampfer zerdrücken. Von der Orange und der Zitrone mit einem Sparschäler die oberste Schicht der Schale abtragen. Zucker und 3/4 l vom destillierten Wasser in einen Topf geben, erhitzen und zu einem Sirup verkochen. In eine ausreichend große Flasche die zerdrückten Birnen, die Orangen- und Zitronenschalen füllen, mit Zuckersirup, restlichem destillierten Wasser und Weingeist aufgießen. Die Flasche verschließen, gut durchschütteln und für die nächsten 2 Wochen an einen warmen, dunklen Ort stellen. Nach dieser Zeit abseihen und nochmals 2 Wochen stehen lassen. Nun filtrieren und auf kleine Flaschen ziehen. Diese sollten für einige Wochen kühl und dunkel lagern.

Zum Wohl! Birnenlikör vertreibt Appetitlosigkeit und Unlust. Ein Gläschen täglich am Nachmittag genossen verleiht rosige Wangen und glänzende Augen.

Zutaten

1 kg Birnen
1 unbehandelte Orange
1 unbehandelte Zitrone
250 g Zucker
1 l destilliertes Wasser
1/2 l Weingeist

Bitterorangenlikör

Zutaten

1 kg unbehandelte Orangen
5 Tropfen Pomeranzen- oder Bitterorangenöl
200 g Zucker
1 l Wodka

Pomeranzen- oder Bitterorangenöl sind in der Apotheke erhältlich.

Vorbereitung: Von den Orangen mit einem Sparschäler nur die orangefarbene Schale abschälen. Dann den Saft der Orangen auspressen.

Zubereitung: Saft und Schale in eine ausreichend große Flasche füllen und das Pomeranzenöl und den Zucker zufügen. Den Wodka dazugeben und die Flasche gut verschließen. Für 4 Wochen an einen sonnigen Platz stellen. Nach dieser Zeit den Ansatz filtrieren und auf kleine Flaschen ziehen. Diese Flaschen kühl und dunkel lagern.

Zum Wohl! Bitterorangenlikör stärkt den Magen und reduziert die Produktion von Magensäure. Aus der Schale der Pomeranze wird das beim Backen oft verwendete Orangeat hergestellt. Diese Schalenstückchen kann man lutschen. Sie beruhigen ebenfalls den strapazierten Magen.

Brombeerlikör

Vorbereitung: Die Brombeeren leicht abbrausen und verlesen. Die Ingwerwurzel schälen und sehr fein schneiden. Die Vanilleschote aufschlitzen, aber das Mark drinlassen.

Zubereitung: Die Brombeeren leicht anquetschen und mit den anderen Zutaten in eine große Flasche oder ein verschließbares Gefäß geben. Mit dem Wodka aufgießen und für 2 Wochen an einem dunklen, kühlen Platz ziehen lassen. Hin und wieder schütteln. Nach dieser Zeit den Ansatz filtern und auf Flaschen füllen.

Zum Wohl! Bei saurem Aufstoßen oder Magenbrennen vor dem Essen 1 Teelöffel Brombeerlikör einnehmen. Er wirkt beruhigend und macht das Essen bekömmlicher.

Zutaten

- 1 kg Brombeeren
- 1 kleines Stück Ingwerwurzel
- 1 Vanilleschote
- 450 g weißer Kandis
- 1 l Wodka

Tipp

Im Spätsommer oder Frühherbst sind die Brombeeren mit ihrem saftigen Fruchtfleisch reif, man findet sie an sonnigen Wegrändern und auf Waldlichtungen. Wenn überreife Beeren gären, entsteht ohne jeden Zusatz im Rahmen eines natürlichen Prozesses Alkohol wie bei andern Früchten auch.

Buchenblätterlikör

Zutaten

- ca. 3–4 Tassen Buchenblätter
- 1 l Wacholderschnaps
- 2 Tassen Zucker
- 1/4 l destilliertes Wasser

Vorbereitung: Die jungen Buchenblätter waschen und trocknen.

Zubereitung: Die getrockneten Blätter in ein bauchiges Glasgefäß füllen. Den Wacholderschnaps zufügen und die Flasche gut verschließen. Die Flasche sollte für die nächsten 3 Wochen warm, aber nicht zu sonnig stehen. Nun den Zucker unter Erhitzen im destillierten Wasser auflösen und zu den Blättern in die Flasche füllen. Für weitere 3 Wochen ruhen lassen. Danach den Ansatz filtrieren und auf kleine Flaschen ziehen. Der Buchenblätterlikör sollte kühl und dunkel lagern.

Zum Wohl! Täglich bis zu 2 cl Buchenblätterlikör regen den Haarwuchs an. Er wirkt zudem blutreinigend und bei rheumatischen Erkrankungen schmerzlindernd.

Cassis (Johannisbeerlikör)

Vorbereitung: Schwarze Johannisbeeren pflücken, waschen und von Stielen und Stängeln befreien. Ein kleines Stück Ingwer schälen und in kleine Stücke schneiden. Eine Vanillestange aufschlitzen und das Mark auskratzen.

Zubereitung: Die Johannisbeeren zerdrücken und mit Ingwer, Vanillemark und braunem Kandis in eine große Flasche füllen. Mit dem Tresterbrand aufgießen und die Flasche fest verschließen. Für 3 Wochen an einem warmen, sonnigen Platz ziehen lassen und dabei mehrmals kräftig schütteln. Nach dieser Zeit den Ansatz filtern und in kleine Flaschen abfüllen.

Zum Wohl! Besonders die Schwarzen Johannisbeeren enthalten einen hohen Anteil der Vitamine C und P. Die große Hildegard von Bingen bezeichnete den Johannisstrauch als „Gichtbaum". Er soll vor der „Vergichtung" des Gehirnes schützen, womit sie wohl die Alzheimerkrankheit und auch Parkinson gemeint hat.

Zutaten

- 1 kg Schwarze Johannisbeeren
- 1 kleines Stück Ingwer
- 1 Msp. Bourbonvanillemark
- 500 g brauner Kandis
- 1 l Tresterbrand (42 %)

Eibischlikör

Zutaten

- 50 g Eibischwurzel (in der Apotheke erhältlich)
- 1/2 l Weingeist
- 3/4 l destilliertes Wasser
- 200 g Kristallzucker

Vorbereitung: Die Eibischwurzel möglichst klein schneiden.

Zubereitung: Die Wurzel in eine Flasche geben und mit dem Weingeist und 1/2 l destilliertem Wasser übergießen. Für 3 Wochen an einem sonnigen Platz ruhen lassen. Hin und wieder die Flasche schütteln. Nach dieser Zeit den Ansatz filtrieren. Das restliche destillierte Wasser erhitzen und den Zucker darin auflösen. Abkühlen lassen und zum Ansatz geben. Gut vermischen und auf kleine Flaschen ziehen. Für weitere 3 Wochen, nun aber kühl und lichtgeschützt, nachreifen lassen.

Zum Wohl! Eibischlikör ist ein wahrer Tausendsassa! Innerlich wirkt er beruhigend und beseitigt Entzündungen im ganzen Körper. Bei Husten und Bronchitis löst er den Schleim und lässt wieder frei atmen. Blähungen und Verstopfung beseitigt er mühelos. Äußerlich angewendet lindert er Insektenstiche, macht rissige und trockene Haut wieder geschmeidig und bringt feuchte Ekzeme zum Austrocknen. Bei Bedarf täglich 2 cl in kleinen Schlucken trinken; für die äußerliche Anwendung ein kleines Tuch tränken und auf die befallene Hautstelle legen. Mit einem Mullverband fixieren.

Eierlikör

Vorbereitung: Die Eier einzeln über einer kleinen Schüssel aufschlagen und trennen (das Eiweiß anderweitig verwenden).

Zubereitung: Die Eigelbe mit der Sahne schaumig schlagen. Den Puderzucker unterrühren und mit dem Cognac auffüllen. Die Masse in eine große Flasche füllen und die aufgeschlitzte Vanilleschote zufügen. Die Flasche gut verschließen und an einem kühlen Ort (Kühlschranktür) über Nacht lagern. Die Vanilleschote bleibt bis zum Ende in der Flasche.

Zum Wohl! Dieser süffige Eierlikör entspannt und beruhigt nach einem stressigen Tag. Er sollte immer kühl gehalten werden.

Zutaten

- 10 Eigelbe
- 1/4 l süße Sahne
- 250 g Puderzucker
- 3/4 l Cognac
- 1 Vanilleschote

Erdbeerlikör

Zutaten

- 300 g Erdbeeren
- 200 g Honig
- 1 Tasse Zitronen-
  melisseblättchen
- 1 l Obstler

Vorbereitung: Die Erdbeeren waschen und erst danach vom Stielansatz befreien.

Zubereitung: Die Beeren in ein Gefäß geben und grob zerdrücken. Den Honig durch Erhitzen flüssig machen und zu den Erdbeeren geben. Die Zitronenmelisse waschen, trocknen und in feine Streifen schneiden. Alles in eine große Flasche füllen. Nun den Obstler angießen, die Flasche gut verschließen und für 2 Wochen lagern. Hin und wieder den Ansatz schütteln. Abschließend den Flascheninhalt filtrieren und auf kleine Flaschen ziehen. Die Flaschen sollten kühl und lichtgeschützt lagern.

Zum Wohl! Dieser köstliche Erdbeerlikör hat eine harntreibende Wirkung. Zusätzlich unterstützt der hohe Gehalt an Vitamin C das Immunsystem.

Tipp

Russischer Estragon ist angenehm bitter, französischer oder deutscher Estragon sind von feiner Milde – entscheiden Sie selbst. Die Blättchen können den ganzen Sommer über geerntet werden. Sie werden am besten frisch verwendet, da sie sonst ihr Aroma verlieren.
ACHTUNG! Estragon oder Extrakte aus dem Gewürz sollten nicht in der Schwangerschaft angewendet werden.

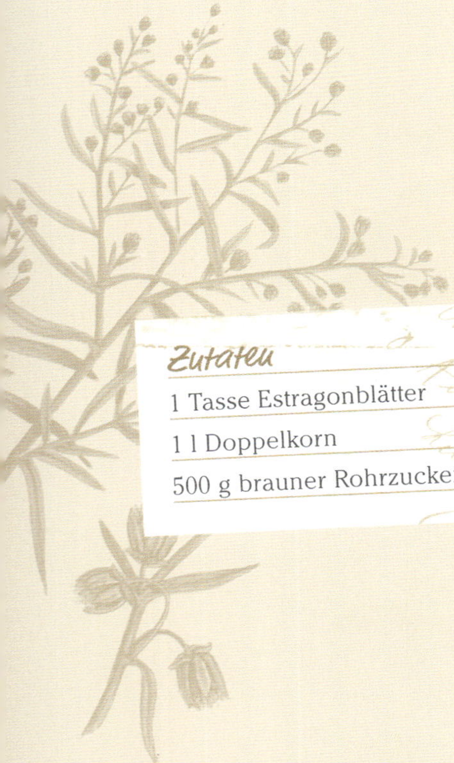

Estragonlikör

Zutaten

- 1 Tasse Estragonblätter
- 1 l Doppelkorn
- 500 g brauner Rohrzucker

Zubereitung: Die Estragonblättchen in eine Flasche füllen und mit dem Doppelkorn aufgießen. Den Zucker einrieseln lassen, die Flasche verschließen und gut schütteln. Für 3 Wochen an einen ruhigen, hellen Ort stellen. Nun den Ansatz abseihen und die Blättchen gut ausdrücken. Den Likör nochmals filtrieren und auf kleine Flaschen ziehen. Für weitere 2 Wochen den Estragonlikör kühl und dunkel ruhen lassen.

Zum Wohl! Die Bitterstoffe des Estragons sind angenehm anregend. Weiterhin wirkt er harntreibend und reguliert starke Menstruationsblutungen.

Eukalyptuslikör

Vorbereitung: Den getrockneten Eukalyptus zerbröseln. Die frischen Melisseblätter in feine Streifen schneiden.

Zubereitung: Die Blätter in eine große Flasche füllen. Den Zucker mit destilliertem Wasser in einen Topf geben und bei geringer Hitze auflösen. Abkühlen lassen und zu den Blättern in die Flasche geben. Den Wodka zufügen und die Flasche gut verschließen. Den Ansatz an einem ruhigen, dunklen Ort für 2 Wochen ziehen lassen. Den Ansatz filtrieren und auf kleine Flaschen ziehen.

Zum Wohl! Eukalyptuslikör wirkt schleimlösend und lindert Hustenbeschwerden.

Zutaten

- 20 g getrocknete Eukalyptusblätter (in der Apotheke erhältlich)
- 5 frische Zitronenmelisseblätter
- 300 g Kristallzucker
- 1/4 l destilliertes Wasser
- 1 l Wodka

Tipp

Die schmalen Blätter des Eukalyptusbaumes enthalten ein aromatisches Öl, das nicht konzentriert angewendet werden darf. ACHTUNG! Eukalyptus ist in hohen Dosen giftig und kann Allergien auslösen. Bemerkt man nach dem Genuss unangenehme Nebenwirkungen, sollte man von einer Einnahme absehen.

Feigenlikör

Zutaten

1 kg Feigen
400 g Kristallzucker
1 1/2 l Grappa

Vorbereitung: Möglichst vollreife Feigen verarbeiten. Die Feigen waschen und trocknen. Mit einem scharfen Messer in Scheiben schneiden.

Zubereitung: Die Feigenscheiben schichtweise im Wechsel mit Zucker in ein verschließbares Ansatzgefäß legen. Den Grappa angießen und das Gärgefäß schütteln, damit der Schnaps sich gut verteilt. Das Ganze für 3 Wochen ruhen lassen. Nach dieser Zeit den Ansatz abseihen und die Früchte gut ausdrücken. Den Likör nochmals filtrieren, damit er keine Trübstoffe enthält, und in kleine Flaschen füllen. Nun dunkel und kühl lagern.

Zum Wohl! Der hohe Anteil an Vitaminen und Mineralien macht diesen Likör zu einem Gesundheitstrank. In der kalten Jahreszeit hin und wieder ein Gläschen stärkt das körpereigene Immunsystem.

Fenchellikör

Vorbereitung: Den Fenchelsamen im Mörser leicht anstoßen.

Zubereitung: Fenchelsamen in eine geräumige Flasche füllen und den Weingeist angießen. Das destillierte Wasser erhitzen und darin den Zucker schmelzen, abkühlen lassen und zum Ansatz gießen. Die Flasche verschlossen für 4 Wochen an einen sonnigen Platz auf die Fensterbank stellen. In dieser Zeit hin und wieder die Flasche schütteln. Nun den Ansatz filtrieren und auf kleine Flaschen ziehen. Diese nun kühl und dunkel für weitere 3 Wochen lagern.

Zum Wohl! Bei Bauchgrimmen und Blähungen ist ein Gläschen Fenchellikör, in kleinen Schlucken getrunken, immer angeraten.

Zutaten

- 200 g Fenchelsamen
- 1/2 l Weingeist
- 3/4 l destilliertes Wasser
- 200 g Kristallzucker

Hagebuttenlikör

Vorbereitung: Die Hagebutten waschen und trocknen. Mit einem scharfen Messer aufschneiden und die kleinen Kerne entfernen.

Zubereitung: Die Früchte in eine große Flasche füllen und mit Obstler aufgießen. Den Ansatz für einen Monat in die Sonne stellen. Nun abseihen und wieder in die Flasche füllen. Puderzucker und Wodka vermischen und so lange rühren, bis sich der Puderzucker klümpchenfrei aufgelöst hat. Das Ganze zum Ansatz gießen, schütteln und auf kleine Flaschen ziehen. Jetzt sollten die Flaschen weitere 2 Wochen kühl und dunkel lagern.

Zum Wohl! Hagebutten haben einen sehr hohen Anteil an Vitamin C. Gerade in der dunklen Jahreszeit ist ein kleines Glas Hagebuttenlikör belebend für den gesamten Organismus. Es erhöht die körpereigenen Abwehrkräfte.

Zutaten

- 1 kg Hagebutten
- 1 l Obstler
- 200 g Puderzucker
- 1/4 l Wodka

Tipp

Hagebutten, die prallen, rot leuchtenden Scheinfrüchte der Hecken- oder Wildrose, sind vielseitig verwendbar: Auch ein Mus, eine Marmelade oder ein Tee aus ihren Schalen schmeckt und sorgt für unser Wohlbefinden – bei deren Zubereitung ein Schuss Hagebuttenlikör hinzugefügt werden darf!

Haselnusslikör

Zutaten

- 350 g Haselnüsse (ohne Schale gewogen)
- 1 Zimtstange
- 5 Gewürznelken
- 2 Tütchen Vanillezucker
- 200 g brauner Rohrzucker
- 1 l Cognac

Vorbereitung: Haselnüsse knacken und mit einem Tuch die braunen Häutchen abreiben.

Zubereitung: Die vorbereiteten Haselnüsse mit einem scharfen Messer fein hacken und mit den anderen Zutaten in eine geräumige Flasche füllen. Den Cognac zufügen und die Flasche für 6 Wochen an einem sonnigen und hellen Platz aufbewahren. Abschließend den Ansatz durch ein Sieb schütten und wieder in Flaschen füllen. Nun sollte der Ansatz kühl und dunkel lagern.

Zum Wohl! Haselnüsse enthalten in hohen Dosen Magnesium, Phosphor und Eisen. Diese Stoffe sind gut für die Knochen und beugen so der Osteoporose vor.

Himbeerlikör

Vorbereitung: Himbeeren nicht waschen, sondern nur kontrollieren, ob sie sauber und frei von Insekten sind.

Zubereitung: Die Früchte mit allen anderen Zutaten in eine geräumige Flasche geben. Weingeist und destilliertes Wasser angießen und die Flasche gut verschließen. Für 3 Wochen an einen sonnigen Platz stellen und in dieser Zeit hin und wieder schütteln. Abschließend den Ansatz filtrieren und auf kleine Flaschen ziehen. Jetzt kühl und dunkel lagern.

Zum Wohl! Himbeeren wirken harntreibend und blutreinigend. Darum ruhig öfter ein Gläschen Himbeerlikör genießen.

Zutaten

- 400 g Himbeeren
- 200 g weißer Kandiszucker
- 1 Vanilleschote aufgeschlitzt
- 1/2 l Weingeist
- 1/2 l destilliertes Wasser

Tipp

Ungleich aromatischer als ihre größere „Schwester" ist die Waldhimbeere, die allerdings nur noch auf einigen wenigen sonnenverwöhnten Lichtungen zu finden ist. Beim Sammeln sollte darauf geachtet werden, dass die Früchte nicht schon „bewohnt" sind, denn sie sind nur schwer zu reinigen.

Holunderlikör

Zutaten

- 1 kg Holunderbeeren
- 300 g Puderzucker
- 1 Zimtstange
- 1 l Doppelkorn

Vorbereitung: Die gesammelten Dolden waschen und auf einem Tuch trocknen lassen.

Zubereitung: Die Holunderbeeren von den Stängeln zupfen und in ein verschließbares Glas geben. Mit einem Stampfer die Beeren zerdrücken. Puderzucker zufügen und gut miteinander vermischen. Zimtstange und Doppelkorn zufügen und das Gefäß verschließen. Den Liköransatz für die nächsten 6 Wochen auf die Fensterbank in die Sonne stellen. Nach dieser Zeit den Ansatz filtrieren, auf kleine Flaschen ziehen und danach kühl lagern.

Zum Wohl! Holunderlikör ist ein hervorragendes Mittel, um das körpereigene Immunsystem zu stärken. Hat die Erkältung schon zugeschlagen, nimmt man 6 cl Holunderlikör und erwärmt ihn ganz langsam. In kleinen Schlucken trinken. Wer mag, kann etwas süße Sahne zufügen. Das tut einem rauen Hals gut.

Tipp

Der vitaminreiche Alleskönner Holunder sorgt in vielerlei Hinsicht für unser Wohlbefinden. Genießen Sie doch auch einmal einen Aperitif mit Holunderlikör: 2 cl Holunderlikör mit Sekt oder Champagner aufgießen – ein angenehm prickelnder Genuss mit einer tollen Farbe.

Honiglikör

Zutaten

500 g Lindenhonig

3/4 l destilliertes Wasser

1 l Weingeist

Zubereitung: Den Honig mit dem destillierten Wasser in einen Topf geben und langsam erhitzen. Abkühlen lassen und mit dem Weingeist auf 1/2-l-Flaschen ziehen. Die Flaschen gut verschlossen für mindestens 3 Wochen dunkel lagern. Je länger der Honiglikör nachruhen darf, umso besser ist sein Aroma.

Zum Wohl! Bei einem Leistungstief spät am Tag reicht oft schon ein kleines Glas Honiglikör. Da er vom Körper nicht verdaut werden muss, geht er sofort ins Blut und ist eine schnelle Energiespritze. Darüber hinaus wirkt er im Magen säurehemmend.

Ingwerlikör

Zutaten

100 g Ingwer
1 Vanilleschote
1 kleine rote Chilischote
250 g weißer Kandis
1 l Wodka

Vorbereitung: Den Ingwer schälen und in dünne Scheiben schneiden. Die Vanilleschote aufschlitzen und das Mark mit einem Messer herauskratzen. Die Chilischote aufschneiden, die Kerne entfernen und die Schote in feine Scheiben schneiden.

Zubereitung: Die vorbereiteten Zutaten mit Kandiszucker und Wodka in eine bauchige Flasche füllen. Die Flasche gut verschließen und 2 Wochen ruhen lassen. Hin und wieder den Ansatz schütteln. Abschließend filtrieren und auf kleine Flaschen ziehen.

Zum Wohl! Die Wirkstoffe des Ingwers regen nach einem üppigen Mahl die Galle an und erleichtern die Fettverdauung. Zudem bringen sie den Kreislauf auf Trab und verleihen bei regelmäßigem Genuss einen rosigen Teint.

Tipp

Unbedingt nur frische Ingwerwurzeln verwenden – sie sind an ihrer prallen, festen und schimmernden Haut zu erkennen. Ingwerwurzeln sollten nicht zu lange gelagert werden, weil sie schon nach kurzer Zeit viele ihrer wertvollen Inhaltsstoffe verlieren.

Johanniskrautlikör

Vorbereitung: Das Johanniskraut zwischen den Fingern zerreiben.

Zubereitung: Das Kraut mit dem Kandiszucker in eine große Flasche geben und den Obstler angießen. Die gut verschlossene Flasche für 4 Wochen an einen hellen, aber kühlen Ort stellen. Abschließend den Ansatz filtrieren und auf kleine Flaschen ziehen. Die weitere Lagerung sollte kühl und dunkel sein.

Zum Wohl! Johanniskrautlikör wirkt stimmungsaufhellend und beruhigend. Durch Stärkung der Blase wird der Harndrang in der Nacht vermindert.

Zutaten

60 g Johanniskrautblüte
200 g weißer Kandis
1 1/2 l Obstler

Kiefernzapfenlikör

Vorbereitung: Die Kiefernzapfen waschen und auf einem Tuch trocknen. Mit einem scharfen Messer in dünne Scheiben schneiden.

Zubereitung: Die Kiefernzapfenscheiben in ein großes, verschließbares Ansatzgefäß legen. Den Honig mit dem destillierten Wasser in einen Topf geben und leicht erhitzen. Wenn der Honig flüssig geworden ist – er darf nicht kochen – über die Kiefernzapfen gießen und mit Zimt würzen. Nun den Grappa angießen und das Gefäß schließen. Für 2 Wochen an einen hellen Platz stellen und hin und wieder das Gefäß schütteln. Zum Abschluss den Ansatz filtrieren und auf kleine Flaschen ziehen. Die Flaschen kühl lagern.

Zum Wohl! Wer unter einem schwachen Herzen oder Herzrasen leidet, kann 2 cl Kiefernzapfenlikör langsam und in kleinen Schlucken trinken. Der Likör stärkt das Herz und gleicht Störungen aus.

Zutaten

- 150 g grüne Kiefernzapfen
- 200 g Lindenhonig
- 1/4 l destilliertes Wasser
- 1 Prise gemahlener Zimt
- 1 l Grappa

Kleeblütenlikör

Zubereitung: Die Kleeblüten mit dem Zucker und dem Muskat in eine große Flasche füllen. Den Doppelkorn angießen und alles gut vermischen. Für einen Monat an einen sonnigen, warmen Ort stellen. Nach dieser Zeit den Ansatz filtrieren und auf kleine Flaschen ziehen. Gut verschlossen muss der Kleeblütenlikör vor Gebrauch einen weiteren Monat lagern.

Zum Wohl! Wer an Verstopfung leidet, sollte am Abend vor dem Zubettgehen 2 cl von diesem Kleeblütenlikör in kleinen Schlucken trinken. Schon nach kurzer Zeit zeigt sich eine Besserung.

Zutaten

- 50 g getrocknete Rotkleeblüten
- 150 g Kristallzucker
- 1 gute Prise Muskat
- 1 l Doppelkorn

Tipp

Getrocknete Rotkleeblüten bekommt man in der Apotheke. Ungleich aromatischer wird der Likör, wenn Sie frische Blüten sammeln, trocknen und nach kurzer Lagerzeit verwenden. Nur auf ungedüngten Wiesen sammeln! Wegen ihrer östrogenen Eigenschaften wird die Kleeblüte auch gegen Wechseljahresbeschwerden eingesetzt.

Kokos-Rum-Likör

Zutaten

1 Kokosnuss

250 g Kristallzucker

1/4 l destilliertes Wasser

1 l weißer Rum

Vorbereitung: Die äußere harte Schale der Kokosnuss knacken. Ein Loch in das Innere bohren und die Kokosmilch auffangen. Das Kokosnuss fleisch von der Schale befreien.

Zubereitung: Die ausgelöste Kokosnuss auf einer Reibe fein raspeln und in eine dickbauchige Flasche füllen. Zucker und destilliertes Wasser zu einem Sirup aufkochen und abkühlen lassen. Mit dem Rum in die Flasche füllen. Gut verschlossen für 3 Wochen an einem sonnigen Platz ruhen lassen. Hin und wieder den Ansatz schütteln. Nach dieser Zeit filtrieren und auf kleine Flaschen ziehen. Diese Flaschen kühl und dunkel lagern.

Zum Wohl! Kokosnüsse enthalten in hohem Maß Selen. Selen sorgt für schönes Haar und gesunde Nägel. Gleichzeitig unterstützt es die Schilddrüse und regt somit den Stoffwechsel an.

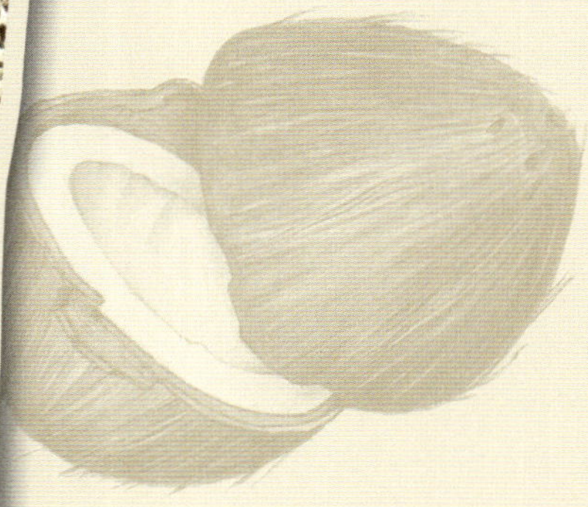

Korianderlikör

Vorbereitung: Das getrocknete Korianderkraut mit den Fingerspitzen zerkleinern. Die Zitrone waschen und nur die gelbe Schale mit einem Sparschäler abschälen.

Zubereitung: Das Korianderkraut mit der Zitronenschale, den Korianderkörnern und dem Zucker in eine große Flasche füllen und den Wodka angießen. Gut verschließen und für 3 Wochen an einen sonnigen Platz stellen. Täglich den Ansatz schütteln. Abschließend erst abseihen und die Kräuter gut ausdrücken. Zusätzlich den Ansatz filtrieren, damit keine Trübteilchen mehr darin schwimmen, und auf kleine Flaschen ziehen. Die Flaschen sollten kühl lagern.

Zum Wohl! Korianderlikör ist sehr aromatisch. Er verfügt über appetitanregende, entzündungshemmende, krampflösende und verdauungsfördernde Eigenschaften. Bei Bedarf 2 cl in kleinen Schlucken trinken.

Zutaten

- 100 g getrocknetes Korianderkraut
- 1 unbehandelte Zitrone
- 5 Korianderkörner
- 200 g Kristallzucker
- 1 1/2 l Wodka

Kräuterlikör

Zutaten

10 g Weinsteinpulver
10 g Tausendgüldenkraut
15 g Alantwurzel
15 g Enzianwurzel
1 El Sternanis
1 Tl Anissamen
Abrieb von 1 unbehandelten Orange
1 kg brauner Rohrzucker
4 l Wodka

Zubereitung: Ein ausreichend großes Gefäß vorbereiten. Weinstein mit Kräutern, Wurzeln, Samen und Schalenabrieb einfüllen. Den Zucker zufügen und alles gut vermischen. Nun den Wodka zugießen und nochmals umrühren. Das Gefäß verschließen und für 3 Wochen an einem ruhigen, kühlen Ort ziehen lassen. Nach dieser Zeit den Ansatz abfiltern und auf kleine Flaschen ziehen. Gut verschließen und im Keller noch 2 Wochen ruhen lassen.

Zum Wohl! Bei Bronchialkatarrh, Reizhusten und Bronchitis verschafft dieser Kräuterlikör Linderung. Zudem bringt er, kurz vor dem Zubett gehen genossen, einen ruhigen Schlaf.

Kümmellikör

Vorbereitung: Kümmel im Mörser leicht zerstoßen.

Zubereitung: Den zerstoßenen Kümmel mit allen anderen Zutaten in eine große Flasche füllen. Den Doppelkorn angießen und die Flasche gut verschließen. Den Ansatz für 4 Wochen an einen sonnigen Ort stellen. Gelegentlich sollte die Flasche geschüttelt werden. Nach dieser Zeit den Ansatz filtrieren und auf kleinere Flaschen ziehen. Den fertigen Likör kühl und dunkel lagern.

Zum Wohl! Kümmel ist eine der besten Heilpflanzen. Magen- und Darmbeschwerden werden schnell gelindert. Er wirkt auch gegen Krämpfe, Blähungen und Völlegefühl. Bei Bedarf sollten 2 cl in kleinen Schlucken getrunken werden.

Zutaten

100 g Kümmel
1 El Pomeranzenschale (in der Apotheke erhältlich)
300 g Kristallzucker
1 1/2 l Doppelkorn

Löwenzahnlikör

Vorbereitung: 2 Zitronen in Scheiben schneiden, die beiden anderen auspressen.

Zubereitung: Den Löwenzahn in ein großes Ansatzgefäß geben. Die in Scheiben geschnittenen Zitronen darauf verteilen und den ausgepressten Saft darübergießen. Kristallzucker einstreuen und den Weingeist angießen. Das Gefäß schließen und für 4 Wochen ruhen lassen. Nach dieser Zeit das destillierte Wasser angießen und den Ansatz abseihen, dabei die Früchte gut ausdrücken. Das Extrakt noch einmal filtrieren, damit alle Trübteilchen ausgefiltert werden. Nun auf Fläschchen füllen und den Likör für etwa 5 Wochen dunkel lagern. Erst jetzt hat sich sein volles Aroma entwickelt.

Zum Wohl! Löwenzahn fördert die Entwässerung. Bei Appetitlosigkeit und Verdauungsbeschwerden, Blähungen und Völlegefühl wird er ebenfalls eingesetzt. Zur Entgiftung und Blutreinigung bei Menschen, die unter Rheuma oder Gicht leiden, ist er sehr hilfreich. Eine kurmäßige Anwendung wirkt sich positiv auf Bindegewebe, Haare, Haut und Nägel aus. Bei Bedarf täglich 2 cl Löwenzahnlikör in kleinen Schlucken trinken.

Zutaten

- 150 g frische Löwenzahnblättchen (getrocknet benötigt man nur 100 g)
- 4 unbehandelte Zitronen
- 250 g Kristallzucker
- 3/4 l Weingeist
- 3/4 l destilliertes Wasser

Magenbitter

Zutaten

- 2 Zweige Beifuß
- 2 Zweige Gundermann
- 2 Stängel Giersch
- 2 Zweige Thymian
- 2 Zweige Oregano
- 2 Löwenzahnblätter
- 1 kleine Dolde Holunderbeeren
- 1 El Weißdornfrüchte
- 100 g Kristallzucker
- 1 l Doppelkorn

Zubereitung: Aus den oben genannten Zutaten ein festes Kräutersträußchen binden und mit den Früchten, dem Zucker und dem Doppelkorn in eine große Flasche geben. Das Kräutersträußchen muss ganz mit dem Korn bedeckt sein, sonst fängt es an zu schimmeln. Die Flasche gut verschließen und für 2 Monate an einen sonnigen Platz stellen. Anschließend das Kräutersträußchen entfernen und den Ansatz filtern. Auf kleine Flaschen ziehen und kühl lagern.

Zum Wohl! Dieser Magenbitter hilft bei allen Verstimmungen, die Magen und Darm betreffen. Zusätzlich regt er den Gallenfluss an und unterstützt somit die Verdauung. Ein kleines Schnapsgläschen voll lindert im Nu die Beschwerden.

Mandarinenlikör

Zutaten

- 2 unbehandelte Mandarinen
- 2 Gewürznelken
- 150 g Kristallzucker
- 1/4 l destilliertes Wasser
- 1 l Wodka

Vorbereitung: Die unbehandelten Mandarinen mit einer Gabel mehrfach einstechen.

Zubereitung: In jede vorbereitete Mandarine eine Gewürznelke stecken und in eine schöne weithalsige Flasche geben. Den Zucker in einen Topf geben, mit destilliertem Wasser aufgießen und erwärmen. Wenn der Zucker sich aufgelöst hat, wird die Mischung über die Mandarinen in die Flasche gegossen. Nun den Wodka zufügen und die Flasche verschließen. Den Ansatz für 2 Wochen dunkel lagern. In dieser Zeit die Flasche hin und wieder leicht rütteln. Dieser Schnaps muss nicht gefiltert werden. Die Früchte sehen hübsch aus und sollten daher in der Flasche bleiben. Mandarinenlikör sollte gut gekühlt getrunken werden.

Zum Wohl! Mandarinenlikör regt den Kreislauf an und macht munter. Seine Wirkstoffe sind appetitanregend und haben eine stimulierende Wirkung auf Magen und Darm.

Mariendistellikör

Zutaten
20 g Mariendistelfrüchte
(in der Apotheke erhältlich)
200 g Honig
1 l Wodka

Zubereitung: Die Mariendistelfrüchte in eine Flasche füllen. 1/2 l Wodka mit dem Honig in einen Topf geben und vorsichtig erhitzen, den Honig unter Rühren auflösen. Er darf auf keinen Fall kochen. Etwas abkühlen lassen und mit dem restlichen Wodka zu den Mariendistelfrüchten in die Flasche füllen. Für 2 Wochen an einem sonnigen Platz ziehen lassen. Hin und wieder die Flasche etwas schütteln. Nach dieser Zeit den Ansatz abfiltern und in eine saubere Flasche füllen.

Zum Wohl! Mariendistelfrüchte werden hauptsächlich bei Leberleiden eingesetzt. Das in der Frucht enthaltene Silymarin schützt die Leber und fördert deren Regeneration. 2 cl des Ansatzes werden vor den Mahlzeiten in eine Tasse Pfefferminztee gegossen und in kleinen Schlucken getrunken.

Maulbeerlikör

Zubereitung: Die Maulbeeren etwas anquetschen und mit dem Zucker in eine Flasche füllen. Den Obstler angießen und gut verrühren. Die Flasche verschließen und für 3–4 Wochen an einem sonnigen Platz aufbewahren. In dieser Zeit hin und wieder die Flasche schütteln. Nach Ablauf der Zeit den Ansatz filtrieren und auf Flaschen ziehen.

Zutaten

1 kg rote Maulbeeren
200 g brauner Rohrzucker
1 l Obstler

Zum Wohl! Maubeeren helfen bei starken Entzündungen der Mundschleimhäute und des Halses. Dazu 2 cl des Maulbeerschnapses in kleinen Schlucken in den Mund nehmen und ein wenig kauen. So bildet sich Speichel, und der Schnaps wird im ganzen Mund verteilt. Dann den Maulbeerschnaps schlucken.

Melissenlikör

Vorbereitung: Frische Melissenblätter am frühen Morgen pflücken. Dann haben sie das meiste Aroma.

Zubereitung: Die Melissenblätter gründlich waschen und in einer Salatschleuder trocknen. In ein ausreichend großes Ansatzgefäß geben. Orange und Zitrone waschen, mit einem scharfen Messer ganz dünn schälen und in kleine Stücke schneiden. Es darf nur die äußere orangefarbene und gelbe Schicht geschält werden. Mit den Gewürzen, dem Weingeist, dem destillierten Wasser und dem Kristallzucker in das Gefäß zu den Melissenblättern geben. Nun den Wacholderschnaps angießen und das Gefäß gut verschließen. Der Ansatz sollte für 3–4 Wochen an einem ruhigen, dunklen und warmen Ort stehen. Hin und wieder sollte der Inhalt geschüttelt werden. Danach den Ansatz filtrieren und auf Flaschen ziehen. Die Flaschen sollten kühl und dunkel lagern.

Zum Wohl! Dieser Melissenlikör wirkt beruhigend und erleichtert das Einschlafen. Der Ursprung der Melisse liegt in Westasien und im Mittelmeerraum. Sie wurde schon in der Antike von den Griechen und Römern hoch geschätzt und als Heilpflanze eingesetzt.

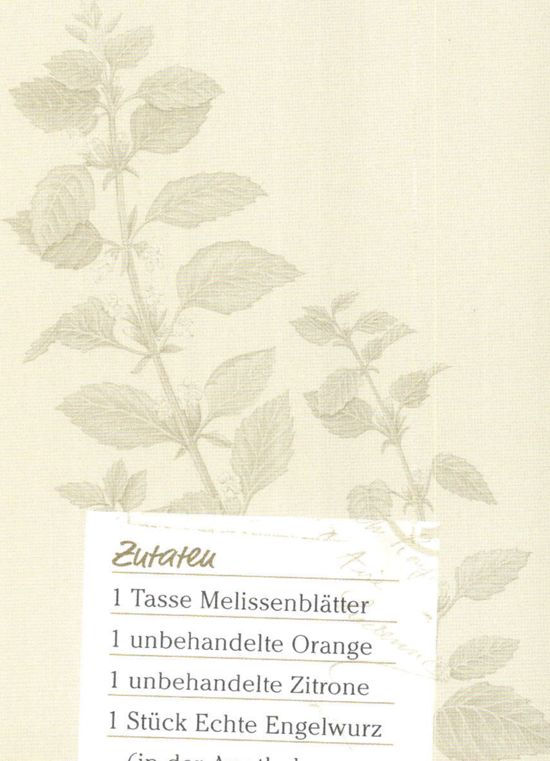

Zutaten

- 1 Tasse Melissenblätter
- 1 unbehandelte Orange
- 1 unbehandelte Zitrone
- 1 Stück Echte Engelwurz (in der Apotheke erhältlich)
- 1/2 Tl Anis
- 1/2 Tl Fenchel
- 1/2 Tl Kümmel
- 1/2 Tl gemahlener Zimt
- 1/2 Tl Gewürznelken
- 1/2 l Weingeist
- 300 g Kristallzucker
- 3/4 l destilliertes Wasser
- 3/4 l Wacholderschnaps

Tipp

Vom Frühjahr bis zum Herbst lassen sich Melissenblätter ernten. Wegen ihres Duftes wird die Pflanze auch Zitronenmelisse genannt und ist nicht zuletzt wegen all ihrer Öl-, Gerb- und Bitterstoffen und der Verwendung im populären Melissengeist als Heilmittel geschätzt.

Melissen-Preiselbeer-Likör

Zutaten

1 kg Preiselbeeren
1 Tasse Melissenblätter
300 g weißer Kandiszucker
1 l Wodka

Vorbereitung: Die Preiselbeeren und die Melissenblätter waschen, verlesen und abtropfen lassen.

Zubereitung: Die Preiselbeeren in einer Schüssel etwas anquetschen. Anschließend mit der Melisse in eine bauchige Flasche füllen und den Kandiszucker dazugeben. Die Flasche schütteln, damit der Zucker und die Beeren besser vermischt werden. Nun den Wodka auffüllen und die Flasche verschließen. Für 3 Wochen in die Sonne stellen und mehrmals am Tag die Flasche schütteln. Nach dieser Zeit den Flascheninhalt filtrieren und in kleine Flaschen füllen.

Zum Wohl! Preiselbeeren enthalten eine große Menge Vitamin C und Bitterstoffe. Darum ist dieser Schnaps gerade in der kalten Jahreszeit ein probates Mittel gegen aufkommende Erkältung. 2–4 cl in einen Becher heißen Tee geben und in kleinen Schlucken trinken. Bitterstoffe und Vitamin C jagen die Viren in die Flucht, und man fühlt sich gleich besser.

Met

Vorbereitung: Die Schale einer unbehandelten Zitrone mit einer Reibe abreiben. Ergibt etwa 1 Teelöffel Schalenabrieb. Die Zitrone anschließend auspressen.

Zubereitung: Den Honig mit dem destillierten Wasser in einen Topf füllen und vorsichtig erhitzen. Die Masse darf nicht kochen. Den Topf von der Flamme nehmen, Zitronenabrieb und Saft zufügen und unterrühren. Alles erkalten lassen. Nun den Doppelkorn zufügen und gut vermischen. Alles in eine Flasche füllen und für etwa 4 Wochen an einem kühlen Ort lagern.

Zum Wohl! In der dunklen Jahreszeit wirkt Met stimmungsaufhellend und gleicht seelische Schwankungen aus.

Zutaten

- 1 unbehandelte Zitrone
- 300 g Bio-Honig
- 220 ml destilliertes Wasser
- 1 l Doppelkorn

Minzelikör

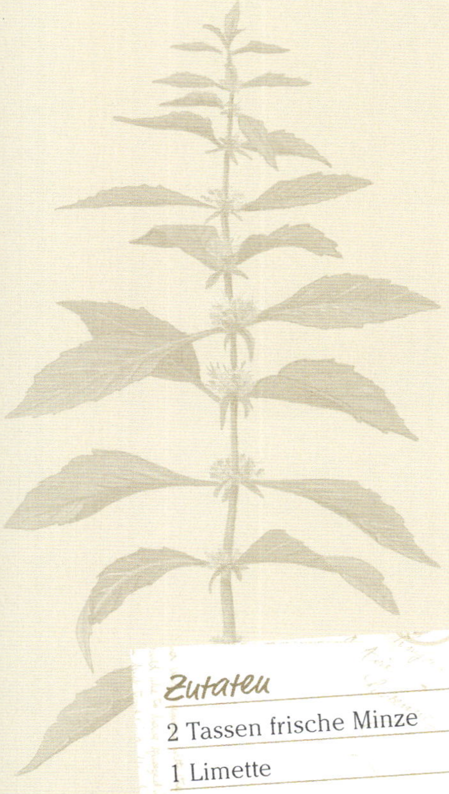

Zutaten

2 Tassen frische Minze
1 Limette
1 l Wodka
200 g weißer Kandiszucker

Vorbereitung: Die Minze grob zerkleinern. Von der Limette etwas Schale mit dem Sparschäler abschälen.

Zubereitung: Die Minze mit der Limettenschale in eine Flasche füllen. Mit Wodka aufgießen und die Flasche gut verschließen. Für 3 Wochen auf die Fensterbank in die Sonne stellen. Dann den Ansatz filtrieren und wieder in die Flasche füllen. Nun den Kandiszucker zufügen und für eine weitere Woche in die Sonne stellen. In dieser Zeit die Flasche öfter schütteln. Der Kandiszucker hat sich nun aufgelöst, und der Likör kann getrunken werden.

Zum Wohl! Bei Husten und Schnupfen befreit der Minzelikör die Atemwege. Bei Bedarf ein kleines Schnapsglas in kleinen Schlucken trinken.

Mirabellenlikör

Zutaten

- 1 kg Mirabellen (entsteint gewogen)
- 1 l destilliertes Wasser
- 500 g Kristallzucker
- 3 Gewürznelken
- 1 Päckchen Vanillezucker
- 1/4 l Weingeist
- 1/4 l Korn 38 %

Vorbereitung: Die Mirabellen waschen, entkernen und grob zerkleinern.

Zubereitung: Die zerkleinerten Mirabellen mit Zucker, Gewürznelken, Vanillezucker und destilliertem Wasser aufkochen und durch ein Sieb passieren. Nochmals aufkochen und filtrieren. Diesen Ansatz abgekühlt mit Weingeist und Korn vermischen, auf Flaschen ziehen und gut verschließen. Zum Ruhen für 3 Wochen auf die sonnige Fensterbank stellen. Danach für weitere 3 Wochen im kühlen Keller lagern.

Zum Wohl! Nach einem stressigen Tag tut ein Gläschen Mirabellenlikör einfach gut. Es entspannt und wärmt den Körper. Und weil der Likör so viele Mineralien und Vitamine hat, stärkt er zusätzlich noch die Immunabwehr.

Pfefferminzlikör

Vorbereitung: Pfefferminzblättchen vorsichtig waschen und trocknen. Von der Orange mit einem Sparschäler die Schale abschälen.

Zubereitung: Die frischen Minzeblättchen grob zerkleinern und mit allen Zutaten außer destilliertem Wasser und Zucker in eine große Flasche füllen. Diese verschlossen für 3 Wochen in einem kühlen Keller ziehen lassen. Den Ansatz filtrieren und in eine große, saubere Flasche füllen. Das destillierte Wasser mit dem Zucker in einen Topf geben und zu einem Sirup einköcheln. Etwas ab kühlen lassen und zum Ansatz geben. Die Flasche gut verschließen und schütteln. Zum Nachruhen den Pfefferminzlikör 10 Tage dunkel und kühl lagern.

Zum Wohl! Bei Übelkeit, Brechreiz und bei Magen-Darm-Beschwerden wirkt ein Gläschen Pfefferminzlikör oft Wunder. Bei einer Erkältung gibt man 2 cl in ein Glas heißen Tee und trinkt in kleinen Schlucken. Achtung! Menschen mit empfindlichem Magen oder Magen-Darm-Geschwüren sollten auf den Likör verzichten. Er könnte bei ihnen eine Übersäuerung des Magens auslösen.

Zutaten

- 250 g frische Pfefferminzblättchen
- 2 Muskatblüten
- 6 Gewürznelken
- 1 unbehandelte Orange
- 1/2 l Weingeist
- 1/2 l destilliertes Wasser
- 200 g Kristallzucker

Tipp

Morgens frische Minzeblätter pflücken – dann ist die Minze am aromatischsten. Diesen Likör kann man auch gekühlt genießen: Dafür rechtzeitig vor Verzehr Schnapsgläschen in Wasser tauchen und in den Gefrierschrank legen. Sieht schön aus und beschert garantiert eiskalten Genuss.

Pfirsichlikör

Zutaten

250 g frische Pfirsichkerne
1 l Wodka
1 unbehandelte Zitrone
1 Tl Nelkenpulver
2 Pimentkörner
1 kg Kristallzucker
2 l destilliertes Wasser

Vorbereitung: Wer Pfirsichmarmelade kocht, behält die Kerne übrig. Da raus lässt sich wunderbar ein Pfirsichlikör bereiten. Die Pfirsichkerne mit einem Hammer leicht zerschlagen. Die Zitronenschale mit einem Sparschäler dünn abschälen.

Zubereitung: Die vorbereiteten Pfirsichkerne in ein ausreichend großes Gefäß füllen und mit Wodka übergießen. Den Ansatz für 4 Wochen an einem warmen, ruhigen Platz ruhen lassen. Nun Zitronenschale und die Gewürze zufügen, die Flasche verschließen und einmal gut durchschütteln. Für weitere 2 Wochen an einen warmen, ruhigen Platz stellen. Nun aus Kristallzucker und destilliertem Wasser einen Sirup kochen und dem Ansatz zufügen. Das Ganze filtrieren, auf kleine Flaschen ziehen und gut verschlossen an einem kühlen Ort lagern.

Zum Wohl! Ein Gläschen vom Pfirsichlikör entspannt und steigert das Wohlbefinden.

Quittenlikör

Vorbereitung: Die Quitten waschen, trocknen und mit der Küchenreibe oder Küchenmaschine grob reiben. In eine große Schüssel füllen und über Nacht im Kühlschrank Saft ziehen lassen.

Zubereitung: Die Quittenmasse in ein Leinentuch füllen und den Saft auspressen. Es sollte sich 1 Liter Saft ergeben. Den Saft mit 800 ml Wodka auffüllen, Bittermandelaroma, die übrigen Gewürze und den Kandis zufügen. Für 4 Wochen an einen sonnigen Ort stellen. In dieser Zeit den Ansatz öfter schütteln. Kristallzucker im restlichen Wodka auflösen und zum Ansatz geben. 2 Tage ruhen lassen und dann den Ansatz filtrieren. Auf kleine Flaschen ziehen und kühl lagern.

Zum Wohl! Die in der Quitte enthaltenen Gerbstoffe und entzündungshemmenden Substanzen wirken krampflösend und beruhigen Magen und Darm.

Zutaten

- 2 kg Quitten
- 350 g weißer Kandis
- 800 ml Wodka
- 2 Tropfen Bittermandelaroma
- 5 Korianderkörner
- 5 Pimentkörner
- 300 g Kristallzucker
- 200 ml Wodka

Tipp

Pflücken Sie frisch erblühte Blütenblätter von einem Rosenstrauch, der nicht mit Insektengift gespritzt worden ist.

Rosenlikör

Zutaten

- 200 g Rosenblütenblätter
- 50 ml Rosenwasser (in der Apotheke erhältlich)
- 300 g Kristallzucker
- 1/2 l Doppelkorn
- 5 frische Rosenblätter

Zubereitung: Die Rosenblätter in einem verschließbaren Gefäß ausbreiten, Rosenwasser und Kristallzucker zufügen und den Doppelkorn angießen. Das Gefäß verschließen und an einem dunklen Ort für einen Monat ruhen lassen. Während dieser Zeit nicht rütteln oder schütteln. Abschließend den Ansatz filtrieren und auf kleine Flaschen ziehen. Füllt man den Likör schließlich zum Servieren in eine Karaffe, sollte man der Optik wegen einige frische Rosenblätter mit in die Karaffe geben.

Zum Wohl! Rosenlikör ist ein echter Stimmungsaufheller. Er vertreibt dunkle Gedanken und heitert auf. Gerade in der dunklen Jahreszeit bringt das feine Aroma der Rosen einen Hauch von Sommer zurück.

Rosmarinlikör

Vorbereitung: Von einem großen Rosmarinstrauch im Juni oder August einige Spitzen abschneiden, waschen und trocknen – in dieser Zeit haben sie den höchsten Stand an ätherischen Ölen.

Zubereitung: Die Rosmarinzweige in eine transparente Flasche geben und mit dem Cognac auffüllen. Diesen Ansatz stellt man gut verschlossen für 4 Wochen an einen sonnigen Platz. Wenn möglich, mehrmals täglich schütteln. Nach dieser Zeit den Zucker im destillierten Wasser erhitzen, bis er sich aufgelöst hat. Abgekühlt in die Flasche zum Ansatz geben. Für 3 Wochen kühl und dunkel lagern. Nun den Ansatz filtern, auf kleine Flaschen ziehen und weiterhin kühl und dunkel lagern.

Zum Wohl! Rosmarin ist ein absoluter Allrounder. Er hilft bei Verdauungs- und Gallenbeschwerden. Im Magen- und Darmbereich wirkt er krampflösend. Bei Rheumapatienten bringt er durch Abreibungen Linderung. Er mildert Erschöpfungszustände nach längerer Krankheit oder Anstrengung und stärkt die Konzentrationsfähigkeit. Er hilft bei Kopfschmerz, Menstruationsbeschwerden und kann stimmungsaufhellend bei leichten Depressionen wirken. Bei Bedarf 2 cl Rosmarinschnaps in kleinen Schlucken nehmen. Langsam kauen, damit die ätherischen Öle schon durch die Mundschleimhaut aufgenommen werden können.

Zutaten

- 3 etwa 15 cm lange Rosmarinspitzen
- 1 l Cognac
- 160 g brauner Rohrzucker
- 100 ml destilliertes Wasser

Rotweinlikör

Vorbereitung: Orange und Zitrone auspressen.

Zubereitung: Den Rotwein mit dem Zucker und der Zimtstange in einen Topf füllen und erhitzen. Das Ganze darf nicht kochen. Abkühlen lassen, Rum, Orangen und Zitronensaft, Bourbonvanille, destilliertes Wasser und den Weingeist zufügen und gut vermischen. Jetzt auf Flaschen ziehen und 2 Wochen an einem kühlen Ort ruhen lassen.

Zum Wohl! Rotweinlikör vertreibt dunkle Gedanken und ist ein wahrer Seelentröster.

Zutaten

- 1 l Rotwein
- 400 g Kristallzucker
- 1 Zimtstange
- 2 cl weißer Rum
- 1 Orange
- 1 Zitrone
- 2 Päckchen Bourbonvanille
- 1/2 l Weingeist
- 3/4 l destilliertes Wasser

Schlehenlikör

Zutaten

- 1 kg Schlehen
- 1 Vanilleschote
- 1 Zimtstange
- 1 l Wodka
- 250 g Kristallzucker
- 1/4 l destilliertes Wasser

Vorbereitung: Die Früchte gründlich waschen und gut abtropfen lassen. Die Vanilleschote aufschlitzen.

Zubereitung: Die Schlehen leicht zerdrücken und mit der Vanilleschote, der Zimtstange und dem Wodka in eine dickbauchige Flasche füllen. Gut verschlossen für 6 Wochen dunkel und kühl aufbewahren. Den Ansatz filtern, den vorher im heißen destillierten Wasser aufgelösten Zucker zum filtrierten Ansatz geben und gut vermischen. Den Schlehenlikör in kleine Flaschen füllen und dunkel lagern.

Zum Wohl! Schlehenlikör unterstützt die Heilung bei Entzündungen im Mund- und Rachenraum und wirkt entspannend bei Erkrankungen der oberen Atemorgane. Außerdem lindert er Blähungen und Verstopfung und bringt Erleichterung bei gereizter Blase.

Tipp

Schlehen werden nach dem ersten Frost geerntet, dann erst hat sich ihr Aroma voll entfaltet. Mit seiner rubinroten Farbe wirkt der Likör auch sehr dekorativ. Mit einem hübschen Etiketten und einigen getrockneten Früchten versehen wird aus der Flasche ein persönliches und wohltuendes Geschenk.

Stachelbeerlikör

Vorbereitung: Die Stachelbeeren waschen und gut abtropfen lassen. Im Entsafter kochen und den Saft auffangen.

Zubereitung: In den noch warmen Stachelbeersaft den Zucker einrühren. Abschmecken, ob der Saft genug gesüßt ist – wenn nicht, Zucker nach Geschmack hinzufügen. Den Saft erkalten lassen und mit dem Cognac mischen. Den Ansatz in gut schließende Flaschen füllen und für 3 Wochen dunkel und kühl lagern. Der Ansatz muss nicht gefiltert werden, die Trübteilchen verbessern in diesem Fall das Aroma.

Zum Wohl! Stachelbeerlikör entwässert bei geschwollenen Gelenken und unterstützt die Darmflora.

Zutaten

- 1 1/2 kg Stachelbeeren
- 250 g Kristallzucker
- 1 l Cognac

Traubenlikör

Vorbereitung: Die Trauben in den Entsafter geben und etwa 1 l Saft gewinnen.

Zubereitung: Den Traubensaft mit Rosinen, Zucker, Weingeist und destilliertem Wasser in eine ausreichend große Flasche füllen. An einem sonnigen Platz für 6 Wochen stehen lassen. Hin und wieder die Flasche rütteln. Abschließend den Ansatz filtrieren und auf kleine Flaschen ziehen. Für weitere 6 Wochen im kühlen Keller lagern.

Zum Wohl! Traubenlikör ist blutreinigend und regt die Verdauung an. Gleichzeitig ist er äußerst wohlschmeckend und lädt zum Genießen ein.

Zutaten

- 2 kg weiße oder blaue Trauben
- 100 g Rosinen
- 250 g Kristallzucker
- 1/2 l Weingeist
- 1/2 l destilliertes Wasser

Tipp

Die jetzt vollgesogenen Rosinen zum Backen verwenden. In einem Winzergugelhupf machen sie sich großartig.

Vanillelikör

Vorbereitung: Die Vanilleschoten aufschneiden und das Mark mit dem Messer vorsichtig auskratzen.

Zubereitung: Das Vanillemark mit Puderzucker und destilliertem Wasser in einen Topf geben und für 10 Minuten einkochen lassen. Dabei immer wieder rühren. Den entstandenen Sirup filtrieren, mit dem Cognac in eine bauchige Flasche füllen und für 6 Wochen an einen warmen, ruhigen Ort stellen. Noch einmal filtrieren und abschmecken. Wenn der Likör zu stark erscheint, kann mit weiterem destillierten Wasser der Alkoholgehalt reduziert werden. Nun auf Flaschen ziehen und an einem kühlen, dunklen Ort aufbewahren.

Zum Wohl! Vanille wirkt bei vielen Menschen stimulierend. Probieren Sie es einfach einmal aus.

Zutaten

4 Vanilleschoten
300 g Puderzucker
1/4 l destilliertes Wasser
1 l Cognac

Veilchenlikör

Zutaten

- 200 g Veilchenblüten
- 1 l Wodka
- 250 g Kristallzucker
- 1/4 l destilliertes Wasser

Zubereitung: Die Veilchenblüten in ein Ansatzgefäß geben und den Wodka zufügen. 4 Wochen sollte die Flasche nun an einem ruhigen, lichtgeschützten Ort ruhen. Den Ansatz filtrieren und mit dem aus Zucker und destilliertem Wasser in 10 Minuten gekochten Sirup in eine saubere Flasche füllen.

Zum Wohl! Veilchenlikör unterstützt den Heilungsprozess bei Husten und Katarrhen. Außerdem wirkt er beruhigend auf Herz und Nerven und lässt uns leichter in den Schlaf finden.

Wacholderlikör

Zubereitung: Die Wacholderbeeren im Mörser leicht anstoßen. Mit dem Kristallzucker und dem Cognac in eine Flasche füllen und 2 Wochen an einem sonnigen Platz stehen lassen. Den Ansatz durch einen Filter gießen und in kleine Flaschen füllen.

Zum Wohl! Wacholderlikör wirkt gegen Appetitlosigkeit und Blasenschwäche. Er entschlackt und entwässert, hilft bei Entzündungen der Harnwege und reguliert die Verdauung. Bei Beschwerden täglich 2 cl Wacholderlikör in kleinen Schlucken trinken.

Zutaten

50 g Wacholderbeeren
250 g Kristallzucker
1 l Cognac

Waldmeisterlikör

Zutaten

- 100 g Waldmeister
- 1 unbehandelte Orange
- 1 Vanilleschote
- 1 l Obstler
- 200 g Kristallzucker
- 1/4 l destilliertes Wasser

Vorbereitung: Das gepflückte Sträußchen kopfüber transportieren und entweder zum Trocknen aufhängen oder einfrieren. Bei beiden Varianten bekommt der Waldmeister erst dann sein berühmtes Aroma. Von der unbehandelten Orange mit einem Sparschäler nur die äußere Schale abschälen. Die Vanilleschote aufschlitzen.

Zubereitung: Den Waldmeister mit der Orangenschale und der Vanilleschote in ein Ansatzgefäß geben. Den Obstler angießen, die Flasche verschließen und 5 Tage an einem kühlen, dunklen Ort ziehen lassen. Aus Kristallzucker und destilliertem Wasser in 10 Minuten einen Sirup kochen und erkalten lassen. Den Likőransatz filtrieren, wieder in eine Flasche füllen und den Sirup dazugeben. Die Flasche gut verschließen und kurz schütteln. Die Flasche kühl und dunkel lagern.

Zum Wohl! Waldmeister wirkt krampflösend. Er enthält eine Substanz, das Cumarin, welche die Blutgerinnung verringert. Daher Waldmeister nicht überdosieren. Achtung! Menschen, die blutverdünnende Medikamente einnehmen, sollten auf Waldmeister ganz verzichten.

Tipp

Die verwendeten Früchte müssen unversehrt und vor allem sehr sauber sein, damit der Prozess ungehindert ablaufen kann und ein reines Produkt ohne Trüb- und Schwebstoffe entsteht, das auch einwandfrei schmeckt. Ein noch intensiveres Aroma erhält man durch die Zugabe von Vanille und Honig.

Walnusslikör

Vorbereitung: Grüne, also unreife, Walnüsse waschen und trocknen.

Zubereitung: Die Nüsse mit einem scharfen Messer in Scheiben schneiden, mit den Gewürzen und dem Wodka in eine Flasche füllen. Für 8 Wochen an einen hellen Platz stellen. In dieser Zeit färbt sich der Walnusslikör sehr dunkel. Nun den Kristallzucker im destillierten Wasser erhitzen und auflösen. Zum Walnusslikör geben und vermischen. Den Ansatz auf kleine Flaschen ziehen und für 2 Wochen ruhen lassen. Die Walnussscheiben ergeben ein köstliches Dessert. Sie passen zum Beispiel zu Vanilleeis mit Sahne.

Zum Wohl! Bei Entzündungen im Hals- und Rachenraum 2 cl Walnusslikör in kleinen Schlucken trinken. Er wirkt entzündungshemmend und schmerzlindernd.

Zutaten

10 grüne Walnüsse
5 Gewürznelken
1 Sternanis
1 Zimtstange
1 l Wodka
100 g Kristallzucker
1/4 l destilliertes Wasser

Zimtlikör

Zutaten

- 1 Orange
- 7 Zimtstangen
- 130 g brauner Rohrzucker
- 1 l brauner Rum

Vorbereitung: Die Orange auspressen.

Zubereitung: Den Orangensaft zusammen mit den Zimtstangen und dem Rohrzucker in eine bauchige Flasche geben. Den Rum angießen und die Flasche verschließen. Für 4 Wochen an einen ruhigen, kühlen Ort stellen. Nun den Ansatz filtrieren und auf kleine Flaschen ziehen. Die Flaschen kühl und dunkel lagern.

Zum Wohl! Dieser wohlschmeckende Zimtlikör wirkt blutdrucksenkend und stabilisiert den Kreislauf. Er fördert die Durchblutung und die Verdauung.

Zitronenlikör

Vorbereitung: Zitronen waschen und mit einem Sparschäler nur die gelbe Schale der Zitronen abschälen.

Zubereitung: Zitronenschale, Melissenblätter und den Zucker in eine Flasche füllen. Den Wodka aufgießen und die Flasche gut verschließen. Den Ansatz für 3 Wochen an einen hellen, warmen Ort stellen. Dabei hin und wieder schütteln. Nach dieser Zeit den Ansatz abfiltern und auf kleine Flaschen ziehen.

Zum Wohl! Bei beginnender Erkältung 2–4 cl in kleinen Schlucken trinken. Dieser Zitronenschnaps ist eine Vitamin-C-Bombe und unterstützt das Immunsystem.

Zutaten

- 4 ungespritzte Zitronen
- 1 Tasse Melissenblätter
- 300 g Kristallzucker
- 1 l Wodka

Zwetschgenlikör

Zutaten

2 kg Zwetschgen
200 g brauner Rohrzucker
1 Vanilleschote
1 Msp. Zimtpulver
1/4 l Weingeist
3/8 l destilliertes Wasser

Vorbereitung: Zwetschgen waschen und abtropfen lassen. Halbieren und die Kerne entfernen. Die Früchte in den Entsafter geben. Es sollte sich 3/4 l Zwetschgensaft ergeben.

Zubereitung: Den Zwetschgensaft mit dem Rohrzucker, der aufgeschlitzten Vanilleschote, dem Zimt, dem destillierten Wasser und dem Weingeist in eine bauchige Flasche füllen. Vermischen und die Flasche verschießen. An einem kühlen Ort den Ansatz 10 Tage ziehen lassen. Hin und wieder die Flasche schütteln. Nach dieser Zeit den Ansatz filtrieren und auf kleine Flaschen ziehen. Danach wieder kühl lagern.

Zum Wohl! Dieser feine Zwetschgenlikör fördert die Verdauung und reinigt das Blut. Mehrmals wöchentlich ein Gläschen davon trinken.

Kräuter=ABC

B

Basilikum – *Ocimum basilicum*
Die einjährige Pflanze ist sehr kälteempfindlich. Sie sollte nicht vor Mai in den Garten gepflanzt werden. In der Traditionellen Chinesischen Medizin (TCM) schreibt man Basilikum Linderung bei schmerzendem Magen und Darm zu. Zusätzlich soll er den Harnfluss fördern.

Bärlauch – *Allium ursinum*
Die herzhaft nach Knoblauch schmeckenden Blätter sind ein wahres Wundermittel. Ihr gesundheitlicher Wert ist dem des Knoblauchs ähnlich und noch höher einzuschätzen. Die in den Blättern enthaltenen ätherischen Öle regen die Verdauung an und haben einen günstigen Einfluss auf Galle, Leber, Magen und Darm. Der Verzehr von Bärlauch reinigt den Darm und regeneriert eine gestörte Darmflora. Bärlauch hilft bei Arterienverkalkung und allen Herzkrankheiten, ist blutreinigend und hat eine antibiotische und antiseptische Wirkung. Der hohe Gehalt an Vitamin C, Eisen, Schwefel, Mangan und Magnesium ist für den gesamten Organismus von Vorteil. Bärlauch kann sowohl im Beet als auch im Kübel angepflanzt werden. Erntezeit ist das Frühjahr.

E

Eisenkraut – *Verbena officinalis*
Lange galt das Eisenkraut nur noch als Unkraut und wurde aus den Heil- und Kräutergärten verbannt. Aktuelle Untersuchungen haben das Eisenkraut rehabilitiert und wieder in den Stand einer Heilpflanze erhoben. Es lindert Rheuma und macht Erkältungsviren den Garaus. Darüber hinaus sagt man den blühenden Sprossen harntreibende, fiebersenkende und entzündungshemmende Eigen schaften nach. In zu hoher Dosierung kann es allerdings zu starker Übelkeit bis hin zum Erbrechen führen. Während der Schwangerschaft sollte das Kraut ganz gemieden werden, da es abortive Substanzen enthält.

Estragon – *Artemisia dracunculus*
Estragon ist ein sehr aromatisches Kraut, das mit dem Wermut verwandt ist. Die mehrjährige, aber frostempfindliche Pflanze bildet unterirdische Ausläufer, aus denen jedes Jahr beblätterte Stängel austreiben. Die hellgrünen, aromatischen Blättchen können bis in den Spätherbst geerntet werden. Die Pflanze liebt sonnige, windgeschützte Lagen und benötigt kalkhaltigen, humosen Boden. Der Wurzelballen sollte stets feucht sein, aber Staunässe muss vermieden werden. Der Strauch wird im Winter abgedeckt und im Frühjahr zurückgeschnitten. Die Pflanze wird durch Ausläufer oder Teilung vermehrt. Die Blätter wirken harntreibend und fördern die Verdauung.

F

Fenchel – *Foeniculum vulgare*
Fenchel ist eine hochwachsende, in Südeuropa beheimatete Pflanze. Sie verfügt über gefiederte Blätter und gelbe Samen. Fenchel muss regelmäßig gegossen werden, da sonst die Knollen verholzen. Er benötigt fruchtbare, durchlässige Erde und einen sonnigen, geschützten Standort. Fenchel wirkt beruhigend bei Magen- und Darmbeschwerden

H

Hopfen – *Humulus lupulus*
Bekannt und beliebt als Bierwürze sind Hopfenblüten, die Blüten einer rebenartigen, in Europa beheimateten Pflanze. Hopfen wird auf großen Stangengestellen auf freiem Feld gezogen. Mit Hopfen ausgestopfte Kopfkissen oder Hopfentee sollen entspannend und einschläfernd wirken.

J

Johanniskraut – *Hypericum perforatum*
Da das bis zu 80 cm hoch wachsende Johanniskraut zur Sommersonnenwende blüht, wurde es früher als Zauberpflanze verehrt, die Unheil von Mensch, Hof und Stall abhielt. Pharmazeutisch entschlüsselt ist es

heute eines der am meisten angewendeten Mittel zur Behandlung von neurologischen Problemen. Es wirkt aufhellend bei Depressionen und mindert Angstzustände. Bei Schlaflosigkeit und in der Menopause wirkt es beruhigend und ausgleichend.

K

Kamille – *Matricaria chamomilla*
Die Kamille ist eine alte, weit verbreitete Heilpflanze. Vollkommen anspruchslos wächst sie überall. Aus den getrockneten Blättern und Blüten bereitet man Kamillentee zu. Dieser hat eine entspannende Wirkung bei Magen-und Darmbeschwerden.

Kapuzinerkresse – *Tropaeolum majus*
Diese wegen ihrer dekorativen Optik gezüchtete Pflanze kommt aus Peru. Vollkommen anspruchslos wächst und rankt sie überall. Kapuzinerkresse wirkt antibakteriell.

Koriander – *Coriandrum sativum*
Dieses alte Kraut ist im Mittelmeerraum und im Kaukasus zu Hause. Koriander wird in Lateinamerika und auf chinesischen Märkten unter dem Namen Chinesische Petersilie geführt. Die Samen werden in Currys und zum Würzen alkoholischer Getränke (Gin) verwendet. Koriander wirkt lindernd bei Magen- und Darmleiden, außerdem appetitanregend und krampflösend. Korianderwurzeln sind in der thailändischen Küche sehr beliebt.

M

Melisse (Zitronenmelisse) – *Melissa officinalis*
Ihren Namen verdankt die Staude dem intensiven Zitronenduft ihrer Blätter. Sie liebt einen warmen, sonnigen Standort, und die Erde sollte nährstoffreich und gut durchlässig sein. Regelmäßige kleine Wassergaben verträgt sie am besten. Zum Überwintern abschneiden und abdecken. Sie lässt sich durch Teilung oder Stecklinge vermehren. Diese Staude gehört zu den Pflanzen, die das Immunsystem stärken. Zusätzlich wirken ihre Inhaltsstoffe beruhigend und ausgleichend. Zitronenmelisse ist ein wahrer Muntermacher. Zwischen den Händen zerrieben, belebt sie mit ihrem Duft Geist und Körper.

P

Pfefferminze – *Mentha x piperita*
Pfefferminze ist in ganz Europa verbreitet. Der Einsatz der Pflanze reicht von der Küche bis in den medizinischen Bereich. Das ätherische Öl der Pflanze wird für die Mundhygiene eingesetzt. Der aus ihren getrockneten Blättern gewonnene Tee wird seit alters her gegen Erkältung, Krämpfe und Übelkeit eingesetzt. Da die Pflanze sehr ausbreitungsfreudig ist, sollte sie im Topf gehalten werden. Sie liebt feuchten Boden und viel Sonne.

R

Rosmarin – *Rosmarinus officinalis*
Aus dem Mittelmeerraum stammend, findet man die Pflanze heute in ganz Europa. Die harten, spitzen, nadelförmigen Blätter enthalten Kampferöl und werden zum Würzen von Lammfleisch, Geflügel und Wild verwendet. Als Bestandteil von Kräuterlikör oder -schnaps soll Rosmarin gegen Gallen-, Magen- und Darmbeschwerden helfen. Im Kübel gehalten, schätzt die Pflanze einen hellen, vollsonnigen Standort und möchte wenig gegossen werden. Zum Überwintern sollte sie in einen kühlen Raum.

T

Tausendgüldenkraut – *Centaurium*
Das ganze Kraut enthält appetitanregende und verdauungsfördernde Inhaltsstoffe. Verwendet man nur die blühenden Sprossenspitzen, senken diese hohes Fieber und wirken entzündungshemmend. Gleichzeitig hat das Kraut eine darmreinigende Wirkung.

Thymian – *Thymus*
Thymian ist eines der populärsten Gartenkräuter. Die Staude mit den olivgrünen, schmalen Blättern steigert beim Menschen die Abwehrkräfte und bringt Linderung bei Husten und Heiserkeit. Der Duft von Thymian wirkt auf viele Insekten abschreckend und hält ihr Aufkommen im Garten unter Kontrolle. In der Küche ist er vielseitig einsetzbar. Er bevorzugt lehmig-humosen Boden und benötigt kaum Wasser. Achten Sie beim Kauf der Pflanze darauf, dass es sich um winterharten Thymian handelt. Die Sorten aus dem Mittelmeerraum müssen zum Überwintern in einen kühlen Raum gestellt werden.

Glossar

A

Abkochen
Durch Abkochen von Wurzeln oder Pflanzen mit Wasser entsteht eine Lösung.

Abortivum
Substanzen, die eine Fehlgeburt auslösen können. Siehe Hinweise in den Rezepttexten.

Adstringierend
Bitterstoffe, die das Gewebe zusammenziehen und dadurch blutstillend wirken.

Antibakteriell
Ein Wirkstoff, der Bakterien abtötet.

Antibiotisch
Ein Wirkstoff, der Mikroorganismen abtötet.

Antiseptisch
Ein Wirkstoff, der bakterielle Mikroorganismen abtötet.

Aphrodisiakum
Eine Substanz, die den Sexualtrieb steigert.

Aromastoff
Ein wohlriechender Inhalt eines ätherischen Öls.

Aromatisch
Stoff oder Substanz, die wohlriechend und wohlschmeckend ist.

Ätherisches Öl
Ein intensiv duftendes Konzentrat aus meist einer Pflanze.

Aufguss
Ein durch Übergießen von frischem oder getrocknetem Pflanzenmaterial mit heißem Wasser oder Wein hergestelltes Getränk.

B

Bitterstoff
Galle- und Speichelfluss anregende, bitter schmeckende Substanz, mit meist antibakterieller Wirkung.

D

Destilliertes Wasser
Destilliertes Wasser wird durch Verdampfen und anschließende Kondensation aus normalem Leitungswasser gewonnen. Es ist nahezu frei von Salzen, organischen Stoffen und Mikroorganismen.

G

Gerbstoffe
Eine Gruppe von Inhaltsstoffen mit adstringierender und antibakterieller Wirkung.

O

Östrogen
Wichtiges weibliches Sexualhormon.

S

Salben
Hierbei handelt es sich um halbfeste Heilmittel auf Fett- oder Ölbasis, die heilend und juckreizlindernd bei Hautkrankheiten wirken.

Stimulanzien
Anregende Substanzen. Siehe Aphrodisiakum.

T

Tinktur
Auf alkoholischer Basis hergestellter, flüssiger Auszug aus Pflanzenstoffen.

W

Wirkstoff
Ein medizinisch wirksamer Inhaltsstoff.

Register

Abbildungsnachweis

Agilarchiv 22o.

Fotolia.com: © 1000wordsimages 64l.; © AK-DigiArt 55u.; © Andrea Wilhelm 49l., 75; © Andrzej Solnica 109u.; © Arkady Chubykin 83; © Barbara Dudzińska 79o., 92; © Barbara Pheby 38; © bepsphoto 13u.; © Boris Ryzhkov 50l., © brozova 97; © Christian Jung 4, 5, 31, 35o., 42l., 62, 72, 76, 100l., 108, 114; © Claude Calcagno 56; © cmfotoworks 13o.; © Comugnero Silvana 104, 120/121; © Corinna Gissemann 67; © David Smith 50r.; © Dionisvera 118; © Dmytro Sukharevskyy 60l.; © Doris Heinrichs 30l.; © Dušan Zidar 41, 43; © eAlisa 116r.; © Elzbieta Sekowska 101; © emmi 69; © evgeny 85; © ExQuisine 68r.; © eyewave 98u.; © fotoknips 17, 73o.; © fusolino 22u.; © Gresei 88; © Herby (Herbert) Me 7; © illustrez-vouz 68l.; © Ingor Normann 116l.; © J. Sommer 42r.; © jeandesign 82; © jelenaaloskina 71; © Jiri Hera 51r.; © Johanna Mühlbauer 37; © Kathleen Rekowski 6o.; © Koufax 36; © kristina rütten 44; © L. Klauser 35u.; © macroart 30r.; © maiwharm 80; © Maksim Shebeko 27, 125; © Marcel Nijhuis 21; © Marina Kravchenko 93o.; © Markus Langer 60r.; © miklyxa13 112; © msk.nina 93u.; © Nadiia Starovoitova 61l.; © Nataliya Dvukhimenna 109o.; © Petrik 49r.; © photocrew 34; © PhotoSG 52/53, 100r., 113o.; picfabrik 66; © Piotr Skubisz 86l.; © Printemps 65; © rdnzl 90; © Salita 2010 106u.; © Sea Wave 91o.; © sonne fleckl 14/15; © Teamarbeit 20, 26, 81; © Thomas Francois 78, 79u.; © TwilightArtPictures 45; © Uros Petovic 64r.; © Viktorija 74, 96; © volkerr 107; © Wissmann Design 115; © womue 89r.

INTERFOTO/imagebroker 51l., INTERFOTO/TV-Yesterday 6u.

Peter Strobel: 8, 9, 10, 16, 19, 23, 24, 25, 28, 32, 33, 39, 40, 46, 48, 54, 55o., 57, 58, 61r., 63, 70, 77, 84, 87, 91u., 94, 99, 102, 103, 105, 106o., 110, 111o., 117o., 119o.

picture-alliance/Bildagentur Huber 11, 119

TLC Fotostudio: 18, 73u., 85u., 86r., 89l., 95, 98o., 111u., 113u., 117u.

Illustrationen: Marlene Passet unter Mitarbeit von Barbara Buccolini, Lea Bückert, Saskia Erman, Moritz Gemke, Belinda Kramer, Florian Mitgutsch, Otto Mitgutsch und Eva Schrüßner